LETTRES

D'UN

SEIGNEUR

HOLLANDOIS

A

UN DE SES AMIS.

A LA HAYE.

Nota. On trouve chez le même Libraire la treizieme Lettre d'un Seigneur Hollandois à un de ses amis à la Haye. Sur le parallele de la situation de la République de Hollande avec celle de la République de Genes.

LETTRES

D'UN

SEIGNEUR

HOLLANDOIS

A

UN DE SES AMIS.

SUR les Droits, les Intérêts & les différentes vuës particulieres des Puiffances Belligerantes.

Avec des réflexions Politiques fur les Evénemens les plus intéreffans de la Guerre préfente.

TOME SECOND.

A LA HAYE.

M. DCC. XLVII.

LETTRES

D'UN
SEIGNEUR
HOLLANDOIS,
A UN DE SES AMIS.
A LA HAYE.

HUITIEME LETTRE.

Examen des différens motifs qui ont hâté la conclusion de la Paix entre les Cours de Vienne, de Dresde & de Berlin;

Avec des Eclaircissemens qui serviront à faire connoître si cette Paix particuliere sera un obstacle ou un acheminement à la Paix générale.

ONSIEUR,

Je n'ai point oublié que je

A ij

m'étois engagé à vous parler de la légitimité des droits de la Maison d'Espagne sur les Etats destinés à former le nouveau Royaume de Lombardia, & ce devroit être là, ainsi que je vous l'avois promis, le sujet de la première Lettre que j'aurois l'honneur de vous écrire. Souffrez, Monsieur, que je renvoye cette démonstration à un autre tems; je vous la promets, & vous ne tarderez pas la recevoir:

Je vais en attendant vous communiquer quelques réflexions que je n'ai pû m'empêcher de faire sur un événement trop extraordinaire, pour qu'il n'ait pas fait votre étonnement comme le mien. Je parle de la Paix de Dresde; les plus habiles Politiques se seroient-ils imaginés que Sa Majesté Prussienne eût pût se déterminer à ne pas pousser plus loin les avantages que pouvoient lui promettre tant de victoires éclatantes qu'elle venoit de remporter sur ses Ennemis?

Mais si ces mêmes victoires ne laissoient rien à désirer au Roi de Prusse, pourquoi auroit-il refusé de se prêter à un accommodement, qui lui assuroit tout ce qu'il s'étoit proposé d'obtenir en prenant les armes? C'est là une pensée que je développerai avec soin dans la suite de cet

te Lettre ; & fans doute ne me
fera-t'il pas difficile de faire voir
que ce grand Roy , non moins
diftingué par fa fageffe & par l'é-
tendue de fes lumieres que par
fon intrépidité & fon courage ,
ne s'eft jamais écarté des principes que lui dictoit fa prudence ;
& qui ont été conftamment la
régle de fa conduite pendant
tout le cours de cette Guerre.

Pour donner quelque ordre à
mes réflexions , je vais commencer , Monfieur , par examiner
quels peuvent être les divers
motifs qui ont hâté les conclu-
fions de la Paix , qui vient de
reconcilier les Cours de Vienne
& de Drefde avec celle de Ber-

lin , & nous verrons enfuite ce
que différentes Puiffances de
l'Europe peuvent craindre ou efpérer de cette même Paix ; de
là il vous fera aifé de juger ,
Monfieur , fi cette Paix particuliere fera un obftacle ou un acheminement à la Paix générale.
J'entre en matiere ; mais pour
répandre plus de clarté fur mes
idées , qu'il me foit permis de
remonter à divers événemens
qui ont précedé la Paix dont j'ai
à parler.

Ce n'en étoit pas affez pour
les Cours de Vienne & de Londres d'être venues à bout de détacher Sa Majefté Polonoife de
fon Alliance avec la France. Les

avantages confidérables rem-
portés en 1744. par les Armées
combinées des trois Couronnes,
firent comprendre à la Reine de
Hongrie & à Sa Majefté Britannique, que leur intérêt deman-
doit qu'ils s'affociaffent quelque
Allié puiffant , qui pût les mettre en état de s'oppofer avec
fuccès aux rapides Conquêtes
de leur commun ennemi ; & ce
furent ces confidérations qui firent conclure le Traité de War-
fovie.

L'Electeur de Saxe , dans l'efpérance d'être mis en poffeffion
des Pays que la Reine de Hongrie lui cédoit , ne fit aucune difficulté d'entrer dans l'Alliance

qui lui étoit propofée ; & notre République accoutumée par une malheureufe fatalité à être depuis long-tems l'efclave des volontés de la Cour de Vienne, & la dupe ordinaire de fes arti-ficieufes follicitations, ne crai-gnit pas de contracter de nou-veaux engagemens, qui ne pou-voient manquer de l'expofer à de nouveaux dangers.

Il s'en fallut bien en effet que le fuccès ne répondît à l'attente des nouveaux Alliés. La Con-quête de la plus grande partie de la Flandre & des Pays-Bas ; trois Victoires remportées par les Troupes Pruffiennes; ajoutez à cela, Monfieur, l'appréhen-

fion d'une révolution prochaine
en Angleterre ; c'en étoit trop
pour que les Cours de Vienne &
de Londres ne fongeaffent pas à
faire jouer de nouveaux refforts
qui puffent détourner l'orage
dont elles étoient ménacées. Il
falloit à quelque prix que ce fût
fe délivrer de la crainte que cau-
foient les armes d'un Ennemi par
tout fuivi de la Victoire ; & ce
fut pour cette raifon que les Négociations fe renouerent avec la
Cour de Berlin.

On fit efpérer à Sa Majefté
Pruffienne la confervation de la
Silefie fur le même pied qu'elle
lui avoit été cédée par le Traité
de Breffaw , & ce fut là le prin-

cipal article de la convention
d'Hanovre ; mais si les Cours de
Vienne & de Berlin étoient également empressées à en hâter
l'exécution, il n'en étoit pas de
même de l'Electeur de Saxe.

Et doit-on être surpris que
ce Prince refusât de se prêter à
un accommodement si contraire à ses plus chers intérêts ? Ce
fut aussi inutilement que les
Cours de Vienne & de Londres
redoublerent leurs instances
pour l'engager à consentir à ce
dernier projet de Paix. Ce Monarque qui se croyoit assuré de
l'assistance de la Russie, & qui
d'un autre côté étoit bien éloigné de s'imaginer que les Au-

trichiens duffent pouffer la tra-
hifon & là lâcheté jufqu'à l'a-
bandonner honteufement, dans
le tems même qu'il leur eût été
facile en réuniffant leurs forces
avec celles des Saxons , de remporter fur les Pruffiens une Victoire complette , ne fut point al-
larmé de voir les Ennemis s'a-
vancer à grands pas vers les
Frontieres de fes Etats. Se feroit-
il attendu aux coups que prépa-
roient l'artifice & la perfidie ?
Ses Troupes font attaquées , &
elles font battues ; mais elles ne
le font que parce qu'il étoit de
l'intérêt des Cours de Vienne &
de Londres de les laiffer battre.
Les Autrichiens lâches fpecta-

teurs d'un combat dont ils auroient dû partager les dangers ,
se sauvent en Bohéme , sans s'ê-
tre mis en devoir de prêter le
moindre secours à leurs Alliés.

L'Electeur de Saxe obligé
d'abandonner la Capitale de ses
Etats , se retire à Prague , & il y
est retenu comme prisonnier? Le
Ministere Autrichien prévoyoit
bien que si ce Prince lâchement
trahi paroissoit en Pologne , il
ne lui seroit pas difficile d'armer la Nation en sa faveur, sans
compter l'assistance qu'il pouvoit se promettre de la Cour de
Petersbourg ; & voilà justement
ce qui pouvoit retarder la conclusion de la Paix projettée par

les Cours de Vienne & de Londres , & que Son Alteſſe Electorale de Saxe a été forcée de ſi-
gner preſqu'auſſi-tôt qu'elle lui
a été propoſée.

Epuiſez-vous, ſi vous voulez ,
Monſieur , en réflexions ſur un
pareil événement ; mais diſpen-
ſez-moi de coucher ſur le papier
celles que j'ai faites à ce ſujet ;
ma conſolation eſt qu'elles n'é-
chaperont pas à la pénétration
de nos ſages Compatriotes ; &
c'en ſera aſſez pour leur faire juger ce que notre République a
à craindre , ou à eſperer d'une
Cour accoutumée à ne ſe laiſſer
conduire que par la ſeule vuë de
ſon intérêt particulier.

(17)

Venons , Monſieur , aux motifs qui ont hâté la concluſion de
cette Paix , preſque auſſi-tôt ſignée que propoſée. Ne ſoyons
pas ſurpris que la Cour de Londres en ait jetté les premiers
fondemens par la convention
d'Hanovre, dont elle avoit elle-
même réglé les articles. Qu'y
avoit.il en effet de plus intéreſſant pour Sa Majeſté Britannique, que de mettre la France &
l'Eſpagne hors d'état d'armer en
faveur d'un jeune Prince ſoutenu
par un Parti aſſez puiſſant , pour
qu'il pût ſe promettre de remonter ſur le Trône de ſes Ancêtres?
Or la Reine de Hongrie déli-

vrée par la Paix de Dreſde d'un
Ennemi auſſi redoutable que l'é-
toit le Roi de Pruſſe, ſe trouvoit
à même d'envoyer de nombreu-
ſes Armées en Flandre & en Italie; ce qui paroiſſoit ſuffire pour
ôter à la France & à l'Eſpagne la
volonté ou la puiſſance de faire
paſſer du ſecours en Ecoſſe ; &
c'eſt là le principal motif que Sa
Majeſté Britannique ſemble s'ê-
tre propoſé, lorſqu'elle a travail-
lé avec tant d'ardeur à reconcilier les Cours de Vienne & de
Dreſde avec celle de Berlin.

Mais eſt-il bien ſûr que cette
réconciliation ſera ſuivie des
heureux ſuccès que la Cour de
Londres

(17)

Londres s'en promet ? La France & l'Espagne n'auront-elles
pas à opposer des Armées ; je ne
dis pas seulement égales , mais
bien supérieures aux Armées
Autrichiennes destinées à combattre en Lombardie, & dans
les Pays-Bas ? Et c'en est assez
pour que Sa Majesté Britannique ait continuellement à craindre que ces deux formidables
Puissances ne fassent dans le
tems même que l'on s'y atten-
dra le moins, une diversion qui
ne contribueroit pas peu à hâter
la révolution dont son Royaume est menacé. De là qu'arrive-
ra-t'il ? C'est que la crainte d'u-
ne diversion retiendra en An-

gleterre la plus grande partie des Troupes Nationales ?

J'ajoute, Monsieur, que quand le Prince qui aspire au Trône de la Grande Bretagne , n'auroit aucune espérance ni du côté de la France ni du côté de l'Espagne , il n'en seroit pas pour cela moins en état de remporter de nouveaux avantages. Je ne craindrai pas même d'avancer que les Ecossois jaloux de ne devoir qu'à leur seul courage la gloire de rétablir sur le Trône un Prince qu'ils regardent comme leur légitime Souverain, feront en sa faveur de plus grands efforts que s'ils avoient à partager cette même gloire avec des

Troupes étrangeres. Et ce qui est encore plus incontestable , c'est que la France & l'Espagne pourront combattre avec succès pour les intérêts de ce Prince , sans qu'il soit pour cela nécessaire qu'elles fassent marcher un seul homme à son secours. Et ne vous imaginez pas , Monsieur , que ce soit là un paradoxe difficile à prouver ; car ne conviendrez-vous pas que la fermentation des esprits en Angleterre augmentera à proportion des échecs que ce Royaume aura à essuyer ; & ce seront ces mêmes échecs qui après avoir grossi le nombre des Mécontens , précipitera la révolution à laquelle la

Grande Bretagne paroiſſoit toucher de près.

Je ſçais , Monſieur , que la crainte d'une pareille révolution eſt bien capable de réveiller toute la vigilance de Sa Majeſté Britannique; comme auſſi de redoubler le zéle de ſon Miniſtere. Mais cela ſuffit-il? On forme de grands projets ; & eſt-il toujours poſſible de les exécuter ? ce nouveau Corps de quarante mille hommes que l'Angleterre veut prendre à ſa ſolde, où ſera-t'il levé & où trouver les fonds néceſſaires pour fournir à ſon entretien ? Si l'Angleterre eſt épuiſée au point de ne pouvoir qu'avec peine remplir les enga-

gemens coûteux qu'elle a contractés avec les Cours de Vienne & de Turin, qui croira qu'elle
fonge férieufement à l'exécution d'un projet qui excede fes
forces ?

Si mes réflexions font juftes ;
la conféquence que vous en de-
vez tirer , Monfieur , c'eft que
la Paix de Drefde ne procurera
pas à beaucoup près à l'Angleterre les avantages que Sa Majefté Britannique s'en promettoit. En fera-t'il de même
par rapport à la Cour de Vienne ? C'eft ce que je vais examiner.

Divers motifs engageoient la
Maifon d'Autriche à fe prêter à

l'accommodement qui lui étoit proposé par la Cour de Londres. Le premier de ces motifs étoit de faire cesser le schisme qu'avoient formé dans l'Empire les contestations survenues au sujet de l'Election du nouvel Empereur ; & c'est là l'important , mais unique avantage que la Paix de Dresde procure à la Maison d'Autriche. Le titre de Chef de l'Empire est du consentement unanime de tous les Electeurs accordé au Grand Duc de Toscane , & voilà ce qui lui fait esperer de pouvoir agir désormais avec plus d'autorité dans les Diettes, & d'obtenir de l'Empire les plus grands secours.

(23)

Déja le Corps Germanique
eſt vivement preſſé , non ſeulement de fournir des Subſides extraordinaires , mais encore de ſe
préparer à entrer en guerre ouverte avec la France ; & pour l'engager on ne ceſſe de lui repré-
ſenter qu'il y va de ſa gloire d'exiger de cette Couronne une indemnité pour tous les ravages, ou
réels ou prétendus faits en Allemagne par les Troupes Françoi-
ſes. Mais la Cour de Vienne au-
roit-elle oublié & l'Empire ou-
bliera t'il jamais ce que divers
Cercles & Etats ont eu à ſouffrir
du brigandage & de la licence
des Troupes Autrichiennes, ac-
coutumées par un long uſage à

ne mettre aucune diſtinction entre les Pays amis & ennemis ?
Je ne parlerai plus des plaintes
portées à la Diette d'Ulm par
les Cercles de Suabe, de Fran-
conie & du Rhin. Que l'on n'in-
terroge que les ſeuls Habitans
de la Luſace & de la Saxe, ne
diront-ils pas que le ſéjour des
Pruſſiens dans leur Pays leur a
été moins incommode & moins
funeſte, que ne l'ont été les
courſes des Autrichiens ?

Paſſez-moi, Monſieur cette di-
greſſion & continuons. La Paix
de Dreſde a mis fin aux conteſ-
tations ſuſcitées à l'occaſion de
l'Election du nouvel Empereur.
Mais reconnu pour Chef de
l'Empire,

(25)
l'Empire, en est-il pour cela plus puissant ? Ne se flateroit-il pas s'il se promettoit d'engager l'Empire à se départir d'une neutralité, qui peut seule assurer le repos & la tranquillité de l'Allemagne ? Fondera-t'il ses espérances sur la Cour de Dresde, nouvellement reconciliée avec celle de Vienne ? Que cette réconciliation ait été sincere, je le veux : mais empêchera-t'elle que les Saxons ne se souviennent que s'ils ont été battus, ils ne l'ont été que parce que le Ministere Autrichien avoit décidé qu'ils le seroient ? Oublieront-ils que leur Prince pour sauver ses Etats & pour s'arracher lui-même à

<table><tr><td>*Tome II.*</td><td>C</td></tr></table>

une eſpece d'eſclavage, s'eſt vû
dans l'humiliante néceſſité de
ſouſcrire à une Paix autant inju-
rieuſe à ſa gloire, que préjudiciable à ſes intérêts. Or je vous
en fais juge, Monſieur, quelle
aſſiſtance la Cour de Vienne
peut-elle ſe promettre d'un Allié ſi cruellement maltraité, &
ſi lâchement trahi?

Mais avançons, la reconnoiſ-
ſance du Grand Duc de Toſca-
ne en qualité de Chef de l'Empire, n'étoit pas le ſeul objet
que la Cour de Vienne ſe propoſoit; accablée par des pertes
multipliées, elle avoit non-ſeu-
lement perdu l'eſpérance d'exé-
uter les vaſtes projets qu'elle

avoit formés contre la France, mais elle se trouvoit encore af-foiblie au point de ne pouvoir s'empêcher d'accepter telles conditions de Paix qui lui eus-sent été proposées par cette Couronne. Humiliante extrê-mité pour une Maison dont la fierté excéda toujours la puis-sance.

Quelle ressource restoit - il donc à la Reine de Hongrie ? Point d'autre que celle dont el-le a sçû sagement se servir. Il ne suffisoit pas que par une Paix à laquelle elle avoit protesté de ne consentir jamais, elle se reconci-liât avec le Roy de Prusse ; il fal-loit encore qu'elle mît l'Electeur de Saxe dans la nécessité de consentir à cette même Paix. Comment y a - t'elle réussi ? Je l'ai déja dit, & j'ai l'honneur de le répeter ; la plus honteuse trahison a assuré au Ministere Autrichien le succès de ses projets. La Saxe envahie par les Prussiens a été épuisée par des contributions exorbitantes ; & Sa Majesté Polonoise elle - même n'a pû obtenir la Paix qu'en se constituant tributaire du Roy de Prusse. Triste sujet de réflexions pour les Alliés de la Cour de Vienne : tout ce que je souhaite , Monsieur , c'est que notre République sçache par sa sagesse échaper aux mêmes mal-

heurs qui ont accablé l'Electeur
de Saxe. Je reviens.

Il n'y avoit qu'une Paix particuliere avec la Cour de Berlin
qui pût mettre celle de Vienne
en état de continuer la Guerre, & qui en lui procurant les
moyens de tourner toutes ses
forces contre la France & l'Espagne, pût lui faire espérer de
réparer les pertes qu'elle avoit
faites en Flandre & en Italie.
Joignez à cela, Monsieur, qu'il
eût été à craindre que la Reine
de Hongrie ne se fût vuë aban-
donnée de l'Angleterre, si elle
eût refusé de souscrire à une
Paix que nous devons regarder
comme l'ouvrage de la politi-

que intéressée de Sa Majesté Britannique. Autant de motifs, qui ont levé les obstacles que la Cour de Vienne auroit pû opposer à la conclusion de la Paix de Dresde.

Mais enfin cette Paix sur laquelle la Cour de Vienne fonde toutes ses espérances, de quelle utilité sera-t'elle pour la Maison d'Autriche & pour les Alliés de cette Maison ? Je sçais que les circonstances présentes mettent la Reine de Hongrie dans la nécessité de faire des efforts extraordinaires. Mais ceux qu'elle fera contrebalanceront-ils, pourront-ils même contrebalancer ceux que feront

ses ennemis ? Les dernieres guerres ne nous ont que trop fait
connoître ce que peuvent les
forces de la France. Et la guerre
présente nous a appris que l'i-
dée que nous nous étions for-
mée de l'Espagne, ne répondoit
pas à beaucoup près à ce que
nous aurions dû penser de la
puissance de ce Royaume.

Une autre difficulté non moins
embarrassante pour la Cour de
Vienne, c'est qu'elle n'est que
trop persuadée que les riches
subsides qu'elle recevoit de
l'Angleterre ne font plus une
ressource sur laquelle elle puisse
compter ; & voilà ce qui l'a mis
dans la nécessité d'avoir recours

à un nouveau genre d'impôts , qui pour paroître exceſſif , a excité une eſpéce de révolte générale dans les Pays héreditaires de la Maiſon d'Autriche.

Ce qui eſt cependant incon-teſtablement vrai , c'eſt que la levée de ces nouveaux ſubſides ne ſuffiroit pas pour fournir à l'entretien du plus petit Corps d'armée. Cela n'empêche pas que la Maiſon d'Autriche , intéreſſée à relever les eſpérances de quelques Alliés , qui ne ſont plus ou dans la volonté ou dans la puiſſance de la ſecourir , ne leur réponde des plus heureux ſuccès , comme ſi elle pouvoit ſe cacher à elle-même ſon épuiſe-

ment. Epuifement que la Paix
de Drefde n'aura pas diminué,
à moins que notre République
ne foit difpofée à prendre à fa
folde ces mêmes Troupes dé-
couragées par tant de Batailles
qu'elles ont perdues en Bohéme
& en Silefie.

C'eft, Monfieur, fur cet épuifement de la Maifon d'Autriche, que Sa Majefté Pruffienne
a compté lorfqu'elle s'eft déter-
minée à fe prêter aux preffantes
follicitations de l'Angleterre,
médiatrice de la Paix de Drefde. Suivons ce grand Roi dans
toutes fes démarches, & nous
demeurerons convaincus qu'il
s'eft toujours conformé aux fa-

gès principes que sa prudence lui avoit dictés, & qui, comme je l'ai dit, ont été constamment la régle de sa conduite pendant tout le cours de cette Guerre.

Persuadé de la légitimité de ses prétentions sur la Silesie, il prend les armes, résolu de ne les mettre bas que lorsqu'il aura conquis cette Province ; mais aussi déterminé en même tems à les reprendre dès qu'il aura le moindre sujet d'appréhender qu'on ne lui enleve sa nouvelle Conquête. Tel étoit son plan ; voyons s'il l'a suivi constamment.

Ce Héros aussi promt qu'infatigable dans ses opérations,

surprend ſes Ennemis, les défait & les oblige à lui demander la paix : il la leur accorde, & elle eſt ſignée à Breſlaw. Mais dans quelle circonſtance de tems ? Lorſque la Reine de Hongrie attaquée par quatre Ennemis puiſſans, ne ſe défendoit plus que foiblement. Circonſtance qui empêchoit que le Roy de Pruſſe ne craignît que les Autrichiens ne formaſſent quelque entrepriſe ſur la Province qui venoit de lui être cédée.

Bientôt après les choſes changerent de face. Les François contraints d'abandonner la Bohême & la Baviere, ſont obligés de repaſſer le Rhin pour al-

ler défendre leurs frontieres.
La Maison d'Autriche fiere des
avantages qui accompagnent
ſes armes en Allemagne, ne
met plus de bornes à ſes prétentions : elle en vient juſqu'à
entreprendre de faire plier
l'Empire ſous un joug honteux.
Les libertés du Corps Germanique, l'auguſte Dignité de
Chef de l'Empire, la ſuprême
autorité des Diettes, ne ſont
plus reſpectées. Le nouvel abus
que la Maiſon d'Autriche fait
de ſa puiſſance, arme contre elle la plus grande partie de l'Empire; & l'on voit le Roy de Pruſſe entrer le premier dans la Ligue de Francfort. Outre que ſa

qualité d'Electeur ne lui permettoit pas d'abandonner les intérêts de l'Empire, il jugea que pour s'assurer la conservation de la Silesie, il devoit travailler efficacement à diminuer la puissance de la Maison d'Autriche, & ce fut là le double motif, qui après la Paix de Breslaw l'engagea à reprendre les armes.

S'il vient de les quitter, ce n'est que parce que la Maison d'Autriche se trouve dans un état d'abbaissement qui de long-tems ne lui permettra pas de songer à reprendre une Province que la force seule a pû lui arracher.

De-là concluons, Monſieur ,
que ſi le ſort des armes deve-
noit favorable à la Reine de
Hongrie , nous ne tarderions
pas à voir Sa Majeſté Pruſſienne
lui oppoſer une nouvelle Armée ; car ſoyons bien perſua-
dés que ce Prince infiniment
éclairé , compte bien moins
ſur les garanties dont le Traité
de Dreſde a été revêtu , que ſur
l'épuiſement actuel de la Maiſon d'Autriche ; épuiſement qui
pour la ſeconde fois a valu à Sa
Majeſté Pruſſienne la ceſſion de
la Sileſie.

Mais ce n'eſt pas là le ſeul fruit
que ce Monarque recueille de
la Paix de Dreſde. S'il met bas

les armes, ce n'est qu'après avoir
eu la gloire d'humilier ses ennemis, & qu'après avoir rem-
porté des Pays qui ont été le
théâtre de ses victoires , plus
d'or & plus d'argent que la guerre ne lui en a coûté. Un autre avantage non moins considérable pour ce Prince, c'est que
dans la supposition que les Cours
de Dresde & de Berlin vinssent
à se brouiller, & que la Russie
armât en faveur de l'Electeur
de Saxe, la Reine de Hongrie
seroit obligée , en vertu du
Traité de Dresde, d'unir ses forces à celles de Sa Majesté Prussienne, & ce qu'il est à propos
de remarquer, c'est que ce Prin-

ce n'est obligé, en vertu du même Traité, de prêter du secours
à la Reine de Hongrie, que
lorsqu'elle sera attaquée dans
les Pays qu'elle posséde en Allemagne. Distinction qui laisse à
la France & à l'Espagne la facilité de continuer la guerre en
Flandre & en Lombardie.

Je ne m'étendrai point sur les
motifs qui ont mis Sa Majesté
Polonoise dans la nécessité de
souscrire à la Paix de Dresde ;
Paix précipitée, que ce Prince
n'auroit point signée, si le Ministere Autrichien lui avoit lais-
sé quelque autre moyen de sauver ses Etats, & de se rendre à
lui-même la liberté.

Mais

Mais c'est depuis long-tems
que les Rois de Pologne ont eu
à se plaindre de l'ingratitude des Empereurs Autrichiens.
Que d'importans services le
grand Sobieski n'avoit-il pas
rendus à la Maison d'Autriche ?
& l'ingrat Leopold lui refuse
son secours, dans le tems même que la Pologne pressée par
les armes des Infidéles ; étoit à
la veille d'en devenir la proye.
Ce premier trait d'ingratitude
n'empêcha pas que le généreux
Sobieski ne joignît quelque
tems après ses armes à celles
des Impériaux ; il délivre Vienne, il n'est pas mieux payé de
ce dernier service que des pre-

miers. Dans le tems que Leopold reprend pour ainsi dire sa couronne des mains victorieuses du Monarque Polonois, il conteste sur un vain cérémonial, & fait dire à Sobieski, qu'il ne veut point lui rendre les honneurs qu'on rend aux Rois dans les autres Cours. Leopold poussa encore plus loin l'ingratitude. Peu content de ne pas effectuer les promesses qu'il avoit faites au Roi de Pologne ; il en vint encore jusqu'à le traverser dans tous ses desseins.

Son Altesse Electorale de Saxe a-t'elle été mieux récompensée de tout ce qu'elle a fait en faveur de la Maison d'Autriche ? Que

ne lui a pas couté fon alliance
avec cette Maifon ? Il eft vrai
que la Paix de Drefde accorde
à ce Prince quelques Diftricts
dans la Boheme ; mais cette cef-
fion peut-elle lui tenir lieu de
dédommagement pour toutes
les pertes qu'il a eu à effuyer ,
& peut-elle être regardée comme un équivalent des prétentions que lui donnoit le Traité
de Varfovie ?

Qu'en penfez-vous, Monfieur,
ne croyez-vous pas que fi la
Cour de Vienne a eu en vuë de
fe venger des premiers engagemens que ce Prince avoit contractés avec la France , elle ne
pouvoit affurément s'y mieux

prendre pour assurer sa vengeance.

L'Electeur Palatin ne peut-il
pas être consideré comme une
seconde victime sacrifiée à l'im-
placable vengeance de cette
même Cour ? Et comment au-
roit-elle pû lui pardonner son
alliance avec les Princes unis
par la Ligue de Francfort, sans
parler du refus de ce Prince à
joindre son suffrage à celui des
autres Electeurs, pour placer le
Grand Duc de Toscane sur le
Trône Impérial ? C'étoit-là un
double crime dont la Maison
d'Autriche se proposoit de se
venger avec éclat. L'effet suivit
de près les menaces. Les Etats

de ce Prince mis à contribution
furent inondés de Troupes Autrichiennes, qui porterent par
tout la désolation & le ravage.
Mais à quels périls encore plus
grands ce Prince n'eût-il pas été
exposé, s'il eût persisté à retarder de reconnoître le nouvel
Empereur ? La Reine de Hongrie débarrassée d'un ennemi à
qui elle ne pouvoit plus opposer
qu'une foible résistance, auroit-
elle mis quelque borne à sa vengeance ? C'étoit donc une nécessité pour l'Electeur Palatin
d'acceder au Traité de Dresde,
s'il vouloit arracher ses Etats à
une ruine entiere. Mais obtien-
dra-t'il tout ce qui lui a été pro-

mis ? Il en fera de l'indemnité que l'on fait efpérer à ce Prince , comme du remboursement des fommes immenfes avancées par notre République , & par l'Angleterre , à la Maifon d'Autriche.

Je ne fçais, Monfieur , fi j'ai fuffifamment dévelopé les motifs qui ont avancé la conclufion de la Paix fur laquelle je me propofois de vous entretenir , & fi les réflexions que j'ai faites à ce fujet feront de votre goût. Que je ferois content de ma façon de penfer ; fi mes idées s'accordoient avec les vôtres : C'eft dans cette efpérance que je vais continuer l'examen que j'ai commencé.

L'Empire, la France, l'Espagne, les Cours de Naples & de Turin, la Hollande, font autant de Puiſſances qui ne peuvent s'empêcher de prendre part à la Paix de Dreſde, ſoit que l'on conſidere ce que ces différentes Puiſſances ont à craindre, ſoit que l'on examine ce qu'elles ont à eſpérer de cette même Paix. Voilà, comme vous voyez, Monſieur; un vaſte champ ouvert à vos réflexions & aux miennes. Continuons notre examen.

On ne peut nier que le repos & la tranquillité de l'Allemagne ne dépendiſſent particuliérement de la réconciliation des

Cours de Vienne & de Dresde avec celle de Berlin, & ce qu'il y a de bien consolant pour l'Empire, c'est que pour être assuré que rien ne pourroit troubler la Paix qui lui est rendue; il n'a qu'à ne point se départir de la Neutralité qu'il s'est proposé de garder. Mais qu'il est à craindre qu'oubliant ce qu'il doit à sa propre sûreté, il ne se laisse ou intimider par les menaces, ou séduire par les promesses de la Cour de Vienne! Et que de ressorts n'a-t'elle déja pas fait jouer? Que de pressantes sollicitations n'a-t'elle pas employées pour faire entrer l'Empire dans les projets de vengeance qu'elle médite

médite contre la France, fans confiderer que l'Empire ne pourroit fe déclarer contre cette Puiffance, fans s'expofer à devenir le théâtre de la plus cruelle guerre?

Mais fi l'Empire ne s'eft pas crû obligé d'époufer, au préjudice de fon repos, les intérêts du feu Empereur, quelle raifon pourroit l'engager à en ufer autrement à l'égard de l'Empereur Regnant? C'eft par le paffé que l'Empire peut juger, s'il doit contribuer à l'aggrandiffement d'une Maifon qui ne reprendroit fa premiere puiffance qu'en enchaînant de nouveau la liberté du Corps

Germanique. Je continue.

Je ne doute pas, Monsieur, que plusieurs de nos Compatriotes n'envisagent la Paix de Dresde comme devant être l'époque de l'abbaissement de la France ; mais leurs conjectures sont elles bien fondées ? C'est ce que je suis bien éloigné de penser : disons au contraire qu'il arrivera à proportion ce qui est arrivé après que Son Altesse Electorale de Baviere eut conclu sa Paix particuliere avec la Cour de Vienne. Loin que cette Paix ait été préjudiciable à la France, elle a eu au contraire pour cette Couronne les suites les plus heureuses. Ses Conquê-

tes en Flandre & en Italie ont
été plus rapides, & elles lui
ont moins coûté que celles
qu'elle auroit pû se promettre
de faire en Allemagne.

Je sçais, Monsieur, qu'il s'en
faut de beaucoup que l'Electeur
de Baviere ne fût pour la Rei
ne de Hongrie un Ennemi aussi-
formidable que l'étoit le Roy
de Prusse. Tout ce qui s'ensuit
de cette différence, c'est qu'il
sera plus aisé à la Reine de Hongrie de renforcer considérable-
ment ses Armées de Flandre &
d'Italie. Mais pourra-t'elle les
renfoncer au point qu'elles
soient supérieures en nombre aux
Troupes combinées de France

& d'Espagne, sans compter que la plus grande partie des Armées Autrichiennes se trouvera composée d'une multitude de Troupes irrégulieres, qui comme on le sçait, ne peuvent être que d'un foible secours ?

Je ne vous parlerai point, Monsieur, des ressources infinies qu'a la France, & qui la mettent en état de pousser la Guerre avec succès. Pour que vous en fussiez convaincu, il faudroit que comme moi vous fussiez témoin de l'état florissant de ce Royaume, de l'abondance qui y regne, de l'empressement des Peuples à concourir à la gloire d'un Roy qui

(53)

fait les délices de ses Sujets, &
qui paroît être le seul objet de
leur admiration.

Aux ressources infinies qu'a la
France, & qui sont d'autant
plus sûres, que c'est sur ses propres richesses qu'elles compte
& non sur des subsides étrangers, qui pourroient lui manquer, ajoutons les avantages
que lui assure son unique union
avec l'Espagne, intéressée à faire des efforts proportionnés au
motif important qui lui a fait
prendre les armes.

Il s'agit pour cette Couronne
du recouvrement de plusieurs
riches Provinces destinées à former le Royaume de Lombar-

die ; objet trop intéreſſant, comme vous voyez, Monſieur, pour que l'Eſpagne n'employe pas toutes ſes forces à pouſſer avec vigueur une Guerre qui eſt pour elle d'une ſi grande conſéquence. Ainſi ſi la Paix de Dreſde donne à la Reine de Hongrie la facilité d'oppoſer de plus grandes forces à l'Eſpagne, ce ſera pour l'Eſpagne une raiſon de faire continuellement paſſer de nouveaux renforts en Italie.

Mais voici, Monſieur, ce qui, plus que tout le reſte, facilitera à Son Alteſſe Royale l'Infant Dom Philippe la Conquête de la Lombardie. C'eſt d'un côté

(55)

l'impatience avec laquelle les
peuples de ce Royaume fuppor-
tent le joug de la domination
Autrichienne; & de l'autre l'em-
preffement de ces mêmes Peuples à rentrer fous la puiffance
de l'Efpagne. Rappellez-vous,
Monfieur, ce que j'ai eu l'honneur de vous écrire à ce fujet
dans ma cinquiéme Lettre. Je
crois y avoir fuffifamment ex-
pofé les avantages que les Habitans de la Lombardie peuvent
fe promettre du changement
de domination après lequel ils
foupirent ; changement qui,
comme je l'ai dit, affurera &
perpétuera le repos & la tranquillité de l'Italie.

E iiij

Une autre réflexion qui ne
doit point , Monsieur , vous
échaper , c'est que s'il est vrai
que l'argent soit le nerf de la
Guerre , l'avantage ne peut
manquer d'être du côté de l'Espagne. La Paix de Dresde donne à la vérité bien des hommes
à la Reine de Hongrie. Mais lui
donne - t'elle des fonds pour
fournir à leur entretien ? Et c'est
là cependant le point essentiel ,
vû la perte de tant de Provinces que la Guerre a enlevées à
la Maison d'Autriche , & qui
faisoient les plus grandes richesses de cette Maison. Ajoutons
qu'elle ne peut plus compter
que sur de modiques subsides de

la part de l'Angleterre.

Ne vous ennuyez pas, Monsieur, de mes réflexions. La crainte que j'ai qu'elles ne vous fatiguent, m'engagent à supprimer celles que je ne crois pas assez intéressantes pour mériter votre attention. Je pourfuis.

A peine la Paix de Drefde eut-elle été signée, que l'on commença à parler d'une nouvelle diverfion que les Anglois fe propofoient de faire fur les côtes de la Sicile. Il fembloit que cette nouvelle eût dû déterminer Sa Majefté Sicilienne à rappeller une partie des Troupes qu'elle avoit fait paffer en Lombardie, & c'etoit-là fans doute ce que les Cours de Vienne & de Londres efperoient : mais elles ont été malheureu-fement trompés dans leur atten-te ; l'effet qu'a produit le bruit de cette diverfion, c'eft qu'un nouveau Corps de Troupes Na-politaines a eu ordre de préci-piter fa marche vers la Lom-bardie, Et pourquoi Sa Majefté Sicilienne craindroit - elle les impuiffantes menaces des An-glois ? Ne fe fouviennent - ils plus du mauvais fuccès qu'ont eu leurs premieres tentatives fur la Sicile ? Or les Places de ce Royaume ne font-elles pas dans un meilleur état de défen-fe, les Côtes ne font-elles pas

mieux gardées que lorsque la
Flotte Angloise entreprit d'y
faire une descente ? Mais ce qui
fait la principale sûreté de cet
Etat, c'est l'amour & la fidélité des Napolitains pour leur
Souverain ; amour qui répond
au zéle avec lequel ce Monarque travaille à assurer le bonheur de ses Sujets.

Pour achever de remplir le
plan que je me suis tracé, je
dois encore examiner ce que la
Cour de Turin & ce que notre
République ont à craindre ou à
espérer de la Paix de Dresde. Je
conviens qu'il n'y avoit que cette Paix qui pût ranimer les espérances du Roy de Sardaigne

mais d'un autre côté n'est-il pas vrai aussi que ce Prince a tout sujet d'appréhender qu'il ne soit forcé de subir la même destinée que l'Electeur de Saxe ? Car supposons que la Maison d'Autriche accablée par de nouvelles pertes, soit dans la nécessité de mettre bas les armes, à quelles conditions la Paix se conclura-t'elle ? Le Roy de Sardaigne sera-t'il remis en possession de tout ce qui lui a été cédé par le Traité de Vorms ?

Ce seroit une nouveauté, si l'on voyoit la Maison d'Autriche ne pas prendre plus de soin de ses intérêts que de ceux de ses Alliés. Quel Allié cependant dont les intérêts duſſent lui être auſſi chers que ceux du Roy de Sardaigne ? Quel Prince pouſſa plus loin que lui la fidélité & la conſtance à remplir ſes enga- gemens , & cela dans un tems où la lenteur de la Cour de Vienne à effectuer ſes promeſſes, le laiſſoit expoſé aux plus grands périls ? La paix de Dreſde, il eſt vrai , paroît avoir changé la ſituation de ce Prince ; les ſe- cours qu'il a reçus l'ont mis en état de réparer une partie des pertes que la Guerre lui avoit fait eſſuyer. Mais ces mêmes avantages qu'il vient de rem- porter, ne feront - ils pas pour les Ennemis de la Maiſon d'Autriche un motif puissant qui les engagera à faire les plus grands efforts , non - seulement pour conserver leurs Conquêtes , mais encore pour y en ajouter de nouvelles ? Et leur sera-t'il difficile de rendre leur Armée bien supérieure à celle de leurs Adversaires ? Supposons que la France fasse une diversion qui oblige le Roy de Sardaigne de diviser ses forces , quel seroit dès lors l'embarras de ce Prince ? Lui seroit-il facile de se dérober aux nouveaux périls où il se verroit exposé ?

Je finis par ce qui concerne les intérêts de notre République. Qu'avons-nous fait en travaillant à réconcilier les Cours de Vienne & de Dresde avec celle de Berlin ? Nous avons nous-mêmes prolongé les malheurs qui nous accablent. Et en effet, cette Paix particuliere ne devions-nous pas l'envisager comme devant être un obstacle à la conclusion de la Paix générale, seule capable de rendre à nos Provinces la tranquillité & le repos, après lequel elles soupirent ? Car n'est-il pas indubitable que la Reine de Hongrie eût été hors d'état de continuer la Guerre, si la Paix de Dresde ne l'eût délivré d'un Ennemi à qui elle ne pouvoit plus résister ?

Mais voici, Monsieur, ce qui

(64)

augmente mes craintes. Som-
mes-nous bien aſſurés qu'il ne
prendra pas envie à Sa Majeſté
Pruſſienne de faire valoir les
prétentions qu'Elle croit avoir
ſur une partie de la Gueldre,
& ſur divers Fiefs enclavés dans
nos Provinces ? Qui ſçait ſi les
grands préparatifs de Guerre
qui ſe font dans les Etats de ce
Prince , ne ſont pas deſtinés
contre nous ; & dans ce cas
quelle ſeroit notre reſſource ?
Et ce qu'il y a pour nous de
plus déplorable encore, c'eſt
que nous ne pouvons gueres
être plus tranquilles du côté de
la France. Mais convenons que
nous aurons été nous-mêmes les
artiſans

artisans de notre infortune,
Après tant de sujets de plainte
que nous avons donnés à cette
Couronne, devions - nous espérer qu'elle nous laissât jouir des
privileges qu'elle nous avoit si
génereusement accordés? Heureux si nous pouvions nous promettre qu'elle ne poussât pas
plus loin son ressentiment ; &
lui seroit-il difficile de nous porter les plus funestes coups?

Où sont à présent ces Barrieres que nous avions à lui opposer, & qui pouvoient l'empêcher de porter la Guerre dans
l'intérieur de nos Provinces?
Ces Barrieres sont passées sous
la puissance de la France ; &

Tome II.   F

quel sujet n'avons-nous pas d'appréhender que nos plus fortes
Places ne subissent bien-tôt le
même sort ? La révolution qui
menace l'Angleterre nous ôte
toute espérance d'en être secou-
rus , & chaque jour ne nous
fournit-il pas de nouvelles preuves de l'épuisement de la Maison d'Autriche ? Ce seroit donc
nous exposer à être trompés que
de compter sur son assistance ,
sans parler du risque que nous
courons d'être sacrifiés à son intérêt particulier.

Mais ce qui doit, Monsieur, nous
consoler, c'est qu'il en est temps
encore ; nous pouvons nous dérober aux périls où nous som-

mes exposés. Prenons le sage
parti que l'intérêt de notre sûreté a dû nous conseiller de
prendre dès le commencement
de la Guerre ; nous nous trouvons dans une crise trop violen-
te pour qu'elle ne fixe pas nos
résolutions ; le moindre délai
peut nous devenir funeste. Dé-
terminons-nous sans plus balan-
cer à observer une exacte neutralité, & que rien ne soit capable de nous en faire départir.
J'ose dire que le repos de l'Europe entiere est entre nos mains.
Cessons de contribuer à la pro-
longation de la Guerre, & nous
aurons hâté la conclusion de la
Paix générale.

E ij

Adieu, Monſieur, je vais travailler à la démonſtration que
je vous ai promiſe, & qui fera
le ſujet de la premiere Lettre
que j'aurai l'honneur de vous
écrire. Je ſuis avec une reſpec-
tueuſe conſidération ,

MONSIEUR ,

Votre très-humble &
très-obéiſſant ſervi-
teur ***

A Paris ce 3 May,
1746.

NEUVIEME LETTRE

D'UN

SEIGNEUR HOLLANDOIS

A UN DE SES AMIS.

A LA HAYE.

SUR les intérêts, & la situation présente des Affaires du Prétendant en Ecosse.

Où l'on examine s'il est plus avantageux à la Nation Angloise de demeurer sous la domination de la Maison de Hanovre, que de rentrer sous celle de la Maison de Stuart.

Avec des Réflexions sur les moyens les plus propres à rétablir la Paix en Angleterre, & en assurer la tranquillité.

MONSIEUR,

Une seconde fois je vous man-

que de parole; & je ne crains pas
cependant que vous m'en fassiez
des reproches , parce que je suis
bien assuré que le sujet que je me
propose de traiter dans cette
Lettre, ne vous paroîtra gueres
moins intéressant que celui que
je vous avois annoncé dans ma
Lettre précedente. Ce devoit
être une démonstration de la légitimité des droits de l'Espagne
aux Etats destinés à former le
Royaume de Lombardie. Vous
la receverez , Monsieur , cette
démonstration ; j'ose me promettre, que lorsque vous l'aurez
lue , vous conviendrez que les
prétentions de l'Espagne sont
incontestablement mieux fon-

dées que celles de la Reine de Hongrie fur ces mêmes Etats.

En attendant quelle fera votre décifion fur ce point ; je vais, Monfieur , vous communiquer un grand nombre de réflexions que j'ai faites à l'occafion des troubles qui agitent l'Angleterre. La révolution dont ce Royaume paroît menacé , ne peut être un objet indifférent pour notre République ; & c'eft pour cette raifon que je tâcherai de ne rien oublier de tout ce qui peut fe dire de plus intéreffant fur une matiere auffi importante.

La principale queftion que je me propofe d'éclaircir , c'eft de fçavoir s'il eft plus avantageux

à la Nation Angloife de demeurer fous la domination de la
Maifon de Hanovre , que de
rentrer fous celle de la Maifon
de Stuart; mais comme ce feroit
là un changement qui intéreffe-
roit différentes Puiffances de
l'Europe , j'examinerai ce que
ces différentes Puiffances auroient à craindre ou à efperer de
ce changement. Pour donner
même plus d'étendue au plan
que j'ai deffein de remplir , je fi-
nirai cette Lettre par un examen des moyens les plus propres
à rétablir la paix en Angleterre,
& à en affurer la tranquillité.

Vous n'ignorez pas , Mon-
fieur, quels font les droits de la
Maifon

Maison de Stuart sur les Royaumes d'Angleterre, d'Irlande &
d'Ecosse. Une simple exposition
de ces droits suffira pour en démontrer la légitimité. Ce fut en
1688 qu'arriva la révolution,
qui obligea Jacques II. d'abandonner ses Etats pour aller chercher un azile en France ; &
ce qu'il y eut de plus accablant
pour ce Monarque infortuné,
c'est qu'il se vit chassé du Trône
par celui-là même, qui auroit
dû travailler à l'y affermir.

Guillaume III. sourd à la voix
du sang, ne se fit pas un scrupu-
le de se rendre aux invitations
d'un certain nombre de mécontens qui l'appelloient en Angle-

Tome II.   G

terre, sous le prétexte que sa présence y étoit nécessaire, pour dérober la Religion aux périls où elle étoit exposée, & pour rétablir en même tems la Nation Angloise dans la possession de ses anciens droits.

Vous avez parcouru comme moi, Monsieur, les Annales de l'Angleterre : Jamais la Nation Britannique fut elle plus libre que sous le regne de Jacques II. Si ce Prince permit dans ses Etats le libre exercice de la Religion Romaine, s'il voulut que ceux qui professoient cette Religion, fussent rétablis dans le droit d'exercer les fonctions publiques, donna-t'il pour cela la

moindre atteinte aux libertés
de l'Eglise Anglicane? lui enle-
va-t'il un seul de ses privileges?
Rien de tout cela dont le Prince
d'Orange ne fut parfaitement
instruit, ce qui ne l'empêcha
pas de passer en Angleterre avec
une Armée navale, composée
de vingt-cinq mille Combat-
tans. Il n'en falloit pas tant pour
mettre le malheureux Roi Jacques dans la nécessité de chercher son salut dans une prompte
fuite : La retraite de ce Prince
fut regardée comme une abdi-
cation de sa part , qui rendoit le
Trône vacant ; & il fut de plus
déclaré , que par sa mauvaise
administration , il avoit rompu

le Contrat original des Souverains avec leurs Peuples. Cette
déclaration qui n'étoit assuré-
ment pas dictée par l'équité ,
fut suivie du couronnement de
Guillaume III. Chacun sçait
que ce fut à la sollicitation de
ce Prince , que par un Acte du
Parlement dressé en 1701 , Sophie de Baviere Palatin , petite-
fille de Jacques I. & mariée à
Auguste de Brunswick-Lune-
bourg , fut appellée à la succession des trois Royaumes , qui
forment la Monarchie de la
GrandeBretagne; & ce fut après
la mort de la Reine Anne que
ces Royaumes passerent en
1714 sous la domination de

Georges I. Electeur de Hanovre.

Voilà , Monsieur , les faits historiques que j'avois à rapporter , & sur lesquels vous me permettrez de faire quelques courtes observations. Jacques II. est détrôné , & quels sont les crimes de ce Prince ? Ils se réduisent à un seul ; c'est qu'il a souffert dans ses Etats l'exercice d'une Religion dont il ne faisoit lui-même profession, que parce que sa conscience ne lui permettoit pas d'en professer une autre : si c'est là un crime , ce crime ne lui est-il pas commun avec un grand nombre de Rois ses Prédecesseurs ? Depuis Egbert jus.

qu'à Elifabeth , on a vû le Trône d'Angleterre fucceffivement
occupé par quarante Souverains , qui tous faifoient profef-
fion de cette même Religion.
Le pouvoir du Peuple en Angleterre feroit-il accru au point
qu'il eut droit de gêner la conf-
cience de fes Souverains ? Mais
que la Nation Britannique s'accorde avec elle-même. Elle déclare qu'un Roi Catholique eft
inhabile à porter la Couronne ,
& pouvoit-elle oublier que peu
de tems auparavant elle avoit
defavoué cette même maxime
condamnée d'erreur par les
deux célebres Univerfités de ce
Royaume ? Les Anglois ne fe

souvenoient ils plus qu'en 1685
le Parlement avoit voulu noter
d'infamie ceux qui avoient eu
dessein d'exclure du Trône le
Duc d'Yorck, quoiqu'il profes-
sât publiquement la Religion
Romaine ? Reprochera-t'on à
ce Prince devenu Roi après la
mort de Charles II. son frere,
quelqu'entreprise qui ait préju-
dicié au maintien & à la conservation de l'Eglise Anglicane ?

On déclare que par sa mauvaise administration il a rompu
le Contrat original des Souverains avec leurs Peuples. Et
quelle atteinte a-t'il donné aux
droits & aux privileges de la
Nation ? Peut-on, sans impos-

ture, l'accufer d'avoir changé
la forme du Gouvernement,
d'avoir établi des Loix contrai-
res au bien de l'Etat, d'avoir ap-
pauvri fes Sujets par des Guerres ruineufes? Que l'on compare
le Regne de ce Prince avec celui de Georges I. & l'on con-
viendra que la Nation Britannique n'a ceffé d'être libre, que
lorfqu'elle a été affujettie fous
le joug d'une domination étrangere.

On objecte enfin que la retraite de Jacques II. en France ne
peut être envifagée que comme
un renoncement volontaire de
fa part à la Couronne d'Angleterre ; & quelle fûreté y auroit-

(81)

il eu pour ce Prince à demeurer dans ſes Etats ? La fin tragique de Charles I. étoit pour lui une époque qui n'avoit que trop de quoi le faire trembler ; mais s'il étoit vrai que ce Prince eût volontairement abdiqué la Couronne, d'où vient donc a-t'il ſi ſouvent ſolemnellement proteſté contre l'injuſtice qui lui étoit faite ? d'où vient a-t'il eu recours à la voie des armes, pour rentrer en poſſeſſion de ſes Etats.

Je paſſe, Monſieur, à l'Acte par lequel Sophie de Baviere Palatin, & ſa poſterité Proteſtante, furent appellés à la ſucceſſion de la Couronne : Je vous en fais juge, Monſieur, & je ne crain-

drai pas de m'en rapporter à votre décifion ; penfez-vous que
cet Acte foit fondé fur le droit ,
& comment feroit-il regardé
comme légitime , puifqu'il eft
directement contraire & aux
conftitutions de l'Etat, & à l'ordre fondamental de fucceffion
établi par la Nation ? Or cet ordre primitif de fucceffion eft un
Contrat qui lie pour toujours &
le Souverain & fes Sujets. S'il
n'eft point dans le pouvoir de
l'un de renverfer cet ordre , il
n'eft point auffi permis aux autres d'y apporter aucun changement ; mais je veux que cet Acte
foit légitime : je fuppofe même
que l'on ne puiffe contredire ,

(8 3)

que le motif sur lequel il est fondé, ne soit juste & équitable : si
ce motif vient à cesser, n'est-il
pas incontestablement vrai que
l'Acte qui en a été l'effet, perd
toute sa force, & qu'il est dès-
lors révoqué & anéanti : ce motif étoit le danger ou réel, ou
prétendu, qui menaçoit la Religion Anglicane : Or n'est-il pas
évident que cette Religion trouvera sa sûreté dans l'avenement
du Prince Edouard au Trône de
la Grande Bretagne ?

Mais sans entrer dans une
plus longue discussion, faisons
une derniere supposition. Accordons à la Nation Britannique le
droit de détroner ses Rois : que

s'enfuit-il de-là ? c'est que ſi elle
a pû uſer de ce droit par rapport
à Jacques II. rien ne l'empêche
par conſéquent de rétablir ſur
le Trône la poſterité de ce Prince ; car je ne crois pas qu'il y ait
perſonne qui puiſſe ſérieuſement
penſer qu'une poſſeſſion de quelques années ait pû éteindre en
faveur d'une ligne feminine col-
laterale des droits acquis par
une ſucceſſion de pere en fils à la
poſterité maſculine de Charles
I. Point de preſcription qui puiſſe avoir lieu contre des droits
fondés ſur la nature , & ſur les
conſtitutions   fondamentales
d'un Etat. Les Deſcendans de
Jacques II. ſont donc autoriſés

(85)

à reclamer la succeffion de leurs
Ancêtres : Or fi leurs droits à
cette fucceffion font inconteftables, ainfi que je crois l'avoir démontré, il s'enfuit donc que la
Nation Britannique peut armer
en leur faveur, fans qu'elle puiffe
pour cela être taxée de rebel-
lion.

Ces principes étant ainfi po-
fés, je viens à la principale queftion que je me fuis propofé d'é-
claircir. Quels font les véritables
intérêts de la Nation Britannique ? Lui eft-il plus avantageux
de demeurer fous la domination
de la Maifon de Hanovre, que
de rentrer fous celle de la Maifon de Stuart ? Examinons-le ;

& sans remonter à des siécles re-
culés , contentons-nous de nous
rappeller quel a été le sort de la
Nation Angloise sous le gouvernement des Princes de la Maison
de Stuart , Successeurs de la
Reine Marie.

Ces bons Princes , heritiers
des vertus de leurs Ancêtres,
ne reconnoissoient point d'autre
felicité , que celle de travailler
à assurer le bonheur de leurs Sujets. La politique ne leur apprit
pas à établir leur puissance sur
la foiblesse des Peuples soumis
à leur domination. Contens des
Etats qu'ils possedoient , on ne
les vit pas amasser des trésors
pour acquerir des titres & des

domaines indépendans de leurs Royaumes ; leurs richesses mêmes, ils vouloient qu'elles fussent regardées comme un bien qui leur appartenoit, bien moins qu'il n'appartenoit à l'Etat.

Quel Prince poussa plus loin la générosité & le désintéressement que Jacques I. Bien éloigné de vouloir surcharger ses Peuples d'impôts, il ne travailla qu'à faire régner parmi eux l'abondance, n'exigeant d'eux que lessubsides nécessaires pour soutenir l'éclat du Trône. Uniquement occupé du soin de rendre ses Peuples heureux , il n'eut rien de plus à cœur que de leur faire goûter les fruits d'une lon-

que Paix ; bien différent en cela
de ces Rois, qui guidés par leur
intérêt particulier, ne prennent
les armes, que parce qu'ils trouvent dans la Guerre un moyen
sûr de groſſir leurs tréſors : Mais
ce qui prouve encore plus l'a-
mour de ce Prince pour ſon Peuple, ce fut l'attention qu'il eut
durant tout le cours de ſon régne à répandre également ſes
graces & ſes bienfaits ſur tou-
ſes Sujets, ne croyant pas que le
titre de Pere commun lui permît
de préferer une Nation à une
autre.

Charles I. ſon Fils ne ſe con-
duiſit pas ſelon d'autres principes ; & ne le vit-on pas ſacrifier

les

les plus beaux droits de la Couronne au bien de la paix? S'il s'é-
loigne de Londres, ce n'eſt que
pour ne pas devenir la cauſe in-
nocente d'une Guerre civile , &
que pour donner à quelques Sujets rebelles le tems de faire des
réflexions qui puiſſent les rappeller à leur devoir. Ce fut dans
cette même vuë , que ne met-
tant aucune borne à la complai-
ſance qu'il eut pour ſon Parlement, il lui permit de demeurer
aſſemblé autant de tems qu'il le
ſouhaiteroit ; & cet excès de
bonté ne ſert qu'à accroître l'in-
ſolence des Factieux. Pour juger
juſqu'à quel point ils pouſſerent
leur audace, on n'a qu'à ſe rap-

peller les dix-sept fameux Articles qu'ils oserent proposer à ce Prince ? Articles que Charles n'auroit pû ratifier, sans avilir sa dignité, & sans trahir en même tems sa conscience; & ce n'étoit cependant qu'à ce prix honteux qu'il pouvoit se dérober au supplice qui lui étoit préparé ; mais ne parlons pas d'un crime que la Nation Angloise a expié depuis long-tems, par ses regrets & par ses larmes.

Si Charles II. n'eut pas les mêmes vertus que son Pere, on ne peut nier qu'il ne l'ait égalé par sa tendresse & par son amour pour ses Sujets. Ce fut pour se rendre toujours plus cher à la

Nation, qu'il permit que le Parlement prît toutes les mesures
les plus sûres & les plus effica-
ces, pour mettre la Religion
Anglicane à couvert des entreprises qu'auroit pû former un
Successeur Catholique ; mais
condescendance inutile de la
part de ce Prince, & qui produi-
sit même un effet tout contraire
à celui qu'il s'en promettoit. Les
Adresses qui lui sont présentées,
deviennent chaque jour plus au-
dacieuses, & le mettent dans la
nécessité de casser un Parlement,
qui dédaignant de faire la fonc-
tion de Médiateur entre le Prince & le Peuple, vouloit s'ériger
en Arbitre imperieux, ne cher-

chant à établir son autorité, qu'en diminuant celle du Souverain.

Je ne répeterai point ici, Monsieur, ce que j'ai déja dit au sujet de Jacques II. Quel Prince mérita mieux que lui de régner dans le cœur de ses Sujets? Combien de fois ne sacrifia-t'il pas à leur repos ses plus chers intérêts ! S'il refusa les puissans secours que la France lui présentoit , ne fut-ce pas parce qu'il vouloit empêcher que l'Angleterre ne devînt à son occasion le Théatre d'une Guerre sanglante? Tels ont été , Monsieur, les Princes de la Maison de Stuart , Successeurs de la Reine Marie.

Pourrions-nous faire le même éloge des Princes qui sont montés après eux sur le Trône d'Angleterre. L'ambition de Guillaume III. sa haine particuliere contre la France, alluma le feu de la Guerre dans toute l'Europe. Vous sçavez, Monsieur, quel fut pour la Nation Britannique & pour notre Republique, le malheureux succès de cette longue & cruelle Guerre ; & que ne fit pas celui qui en étoit l'auteur, pour retarder la conclusion de la Paix ? Lors même qu'elle eut été signée, ne tâcha-t'il pas de surprendre les Ennemis dans leur Camp ? Il les attaque, & la perte d'une nouvelle

Bataïlle , met le fceau à toutes
les difgraces, que le fort des Armes lui avoit fait effuyer ; & de-
vons-nous être furpris que ce
Prince préfera la Guerre à la
Paix: il n'étoit que trop convaincu , que par la fierté , il avoit
aliené l'efprit de la Nation ; &
voilà ce qui lui faifoit regarder
fon Camp comme un azile contre
l'inconftance & les variations
des Anglois. Joignons à cela ,
Monfieur , que ce Prince jaloux ,
comme il l'étoit , de l'autorité
que la charge de Stathouder lui
donnoit pendant la Guerre , il
ne pouvoit envifager la paix ,
que comme une diminution in-
faillible de fa puiffance : Ainfi

gouvernent les Princes , qui ne
se regardant pas comme légitimes Souverains , ne se croyent
pas obligés de préferer les intérêts de leurs Sujets à leurs intérêts particuliers. Je ne rapporterai point ce que le Clergé An-
glican eut à souffrir de l'humeur
imperieuse de Guillaume III.
Zelé Protestant, non-seulement
il autorisa la tolerance des non-
Conformistes , mais ils furent
presque les seuls qui eurent part
à ses faveurs.

Pour ne rien dire qui n'ait un
rapport essentiel au sujet que je
me suis proposé de traiter dans
cette Lettre, hâtons-nous d'examiner „ Monsieur „ si la Nation

Britannique a joui d'un fort plus heureux fous la domination de la Maifon de Hanovre, que fous celle de la Maifon de Stuart.

Un éloge que l'on ne peut refufer à Georges I. Succeffeur de la Reine Anne , c'eft qu'il ne chercha point à tromper la Nation Angloife par de flateufes promeffes. Fermement réfolu de gouverner defpotiquement , il ne craignit pas , à fon avenement à la Couronne, de déclarer à fes nouveaux Sujets, qu'inftruit, comme il l'étoit, des droits attachés à la Royauté , il ne montoit fur le Trône que pour les faire valoir dans toute leur étendue ; & qu'ainfi la premiere chofe

chofe qu'il leur recommandoit, c'étoit de ne pas oublier qu'une obéiffance aveugle aux volontés du Souverain, étoit le premier devoir d'un Sujet. Georges fuivit exactement le plan de Gouvernement qu'il s'étoit formé. Avant même qu'il fût monté fur le Trône, il commença par éloigner de la Cour ceux qui y avoient été le plus en faveur fous le regne précedent, & qui avoient été revêtus des premieres Charges. Intéreffé à fe former un Parlement qui fût entierement dévoué à fes volontés, & qui fe montrât toujours prêt à le feconder dans fes vuës. Il caffe

l'ancien , & révoque l'Arrêt qui
en fixoit la durée.

Ces premiers coups d'autorité
lui frayerent le chemin à un pouvoir si absolu , que les Elections
des Pairs , & celles des Dépu-
tés pour la Chambre Basse , ne
se firent plus que conformément
à ses desirs ou à ses ordres. Les
Episcopaux s'opposent à la to-
lérance des non-Conformistes ,
& leurs oppositions ne servent
qu'à obtenir de nouvelles graces à ces derniers. Le Peuple
surchargé d'impôts , se plaint
hautement de ce qu'on ne li-
centie pas un nombreux corps
de Troupes, que la Paix rendoit
inutiles ; & les plaintes du Peu-

ple ne font pas écoutées. La confervation d'une Armée fur pied en tems de Paix , eft déclarée néceffaire à l'Etat. Les Grands murmurent de ce que les Etrangers partagent feuls entr'eux les faveurs du Souverain ; & Georges eft auffi peu fenfible aux murmures des Grands, qu'à ceux du Peuple. Mais ce qui irritoit le plus la Nation , c'eft que fes richeffes, fruits de fes travaux & de fon induftrie, étoient malheureufement deftinées à groffir chaque année les tréfors, que l'infatiable cupidité de Georges accumuloit à Hanovre ; & les prétextes lui manquoient-ils , pour s'en-

graisser de la substance de son
Peuple? C'étoient chaque jour de
nouveaux moyens, que son avi-
dité lui faisoit imaginer, pour exiger de nouveaux subsides. Etoit-
ce l'intérêt de la Nation, ou plutôt ne fut-ce pas la seule cupidité
de ce Prince, qui durant tout le
cours de son régne, lui fit prendre part à toutes les Guerres
qui se firent en Europe ?

Tel fut le sort de la Nation
Britannique, asservie sous la domination de la Maison de Hanovre. Les Anglois se seroient-
ils imaginés que les maux dont
ils furent accablés sous le régne
de Georges I. ne fussent que le
prélude de ceux que leur pré-

paroit le régne fuivant ?

Vous n'avez pas oublié, Monfieur, ce que j'ai eu l'honneur de vous marquer dans ma fixiéme Lettre, par rapport à la différence qui fe trouve entre un Gouvernement Britannique, & un Gouvernement purement defpotique ; & c'eft cette différence qui fait qu'en Angleterre les intérêts de la Nation ne font pas à beaucoup près les mêmes que ceux du Souverain : Oppofition d'intérêts qui a été fouvent pour les Rois de la Grande Bretagne un motif de travailler eux-mêmes à la diminution de la trop grande puiffance de leurs Sujets. Si la Paix qui

ramene ordinairement la prof-
perité & l'abondance dans un
Etat, eſt le bien le plus prétieux
que la Nation puiſſe deſirer, il
n'en eſt pas de même par rapport au Souverain, qui ne con-
ſultant que ſon intérêt particulier, préfere la Guerre à la Paix,
parce qu'il n'y a que la Guerre
qui puiſſe lui offrir des moyens
ſûrs d'accroître ſes tréſors de
ceux de l'Etat. C'eſt encore la
Guerre qui aſſure au Souverain
la facilité de groſſir le nombre
de ſes Partiſans, vû la multitude des Charges, & des Digni-
tés militaires qui ſont en ſa diſ-
poſition. Ajoutons, comme je
l'ai déja dit, que c'eſt la Guerre

qui fait cesser, ou du moins qui
suspend pour un tems ces émeu-
tes & ces cabales avant - cou-
reurs ordinaires des révolutions
si fréquentes en Angleterre ; &
puisque vous voulez, Monsieur,
que je vous ouvre librement ma
pensée, je ne craindrai pas de
vous avouer que je suis forte-
ment persuadé que ce sont ces
mêmes considerations qui ont
troublé la tranquillité & le repos dont jouissoit la Nation Angloise.

Rien ne paroissoit plus juste,
que d'accorder à l'Espagne la
satisfaction qu'elle exigeoit, &
le Ministere Britannique s'obs-
tine à la lui refuser. Une ruptu-

re entre les deux Couronnes ne
pouvoit manquer d'être la suite
de ce refus ; mais cette rupture,
si Sa Majesté Britannique étoit
elle-même intéressée à la souhaiter, devoit-on s'attendre qu'elle
fût disposée à la prévenir. Les
murmures du Peuple contre le
mauvais Gouvernement, avoient
fait comprendre à ce Prince
qu'il étoit tems qu'il travaillât
efficacement à humilier une
Nation, qui, irritée des nouvelles atteintes que l'on donnoit chaque jour à sa liberté,
ne se montroit que trop disposée à se soulever : Or il n'y avoit
que la Guerre seule qui pût assurer à Sa Majesté Britannique

le succès de ses projets ; comment cela, Monsieur, le voici , & je crois que vous en conviendrez aisément avec moi : c'est que la Guerre qui devoit épuiser la Nation, devoit infailliblement servir à enrichir le Souverain, & c'est ainsi que le Souverain se proposoit d'établir sa puissance sur l'épuisement de ses Sujets.

Sa Majesté Britannique n'a point été trompée dans ses espérances ; le succès a répondu à ses vuës ; la Guerre a été entreprise contre l'Espagne , & cette Guerre a été le commencement de l'épuisement de la Nation Britannique. Le seul

Siége de Cartagene, honteusement levé, a coûté à l'Angleterre la perte de quinze mille
hommes, & celle de plus de
deux cens Vaisseaux : Mais le
grand ouvrage auquel Sa Majesté Britannique se proposoit
de donner tous ses soins, n'étoit
qu'ébauché. La Nation Angloise, humiliée, ne l'étoit pas encore assez, au gré des desirs de
ce Monarque. Une seconde
Guerre plus ruineuse que la premiere, devoit livrer l'Angleterre en proie, aux malheurs qui
l'accablent de toute part.

Etoit - il de l'intérêt de ce
Royaume de faire passer toutes
ses forces en Flandre & en Al-

lemagne , & cela dans quelle
circonſtance de tems , lors même que l'Angleterre ſe trouvoit
menacée d'une invaſion prochaine ? Mais cette Guerre entrepriſe , pour appuyer les am-
bitieuſes prétentions de la Maiſon d'Autriche , ne pouvoit être
indifférente à Sa Majeſté Britannique. Les intérêts de ce
Prince étoient trop étroitement
liés à ceux de la Reine de Hongrie , pour qu'il n'épouſât pas ſa
querelle avec une extrême cha-
leur. Il s'agiſſoit pour ce Souverain d'être mis en poſſeſſion
de divers Domaines , qui joints
à ſon Electorat , devoient lui
compoſer un quatriéme Royau-

me en Angleterre : accroissement de puissance qui lui étoit
assuré, en vertu des engagemens
secrets qu'il avoit contractés
avec la Cour de Vienne. Un autre avantage bien plus certain
pour ce Prince , c'est que la
Guerre le mettoit à même de
disposer à son gré des trésors de
l'Angleterre ; & ne peut-on pas
dire , que plus la Guerre devoit
être onereuse à la Nation , plus
elle devoit être utile au Souverain : car qui ne sçait que la
plus grande partie des subsides
que l'on exige , est ordinairement employée à un tout autre
usage qu'à celui pour lequel la
Nation les accorde. N'appor-

tons pour preuve de cette vérité que ce qui s'eſt paſſé à Fontenoy. Les Anglois ſont battus,
& ils ne le ſont, que parce que
le Miniſtere Britannique avoit
retenu la plus grande partie des
ſubſides qui avoient été fournis pour la levée, & pour l'entretien d'un Corps de quarante
deux mille hommes de Troupes
étrangeres. Eſt-ce à Londres ou
à Hanovre que ces ſubſides ſont
reſtés ? C'eſt à la Nation Angloiſe à exiger qu'on lui rende
compte de l'uſage qui en a été
fait.

Mais examinons, Monſieur,
par quelle voie de ſéduction
l'Angleterre a pû être entraînée

dans la malheureuse Guerre qui lui a déja coûté , & dont elle ne peut plus supporter le poids , sans achever de s'épuiser tota- lement. Le spécieux prétexte du bien de l'Etat , l'indispensable obligation de garder la foi des Traités ; la nécessité de rétablir l'Equilibre de l'Europe , & par conséquent d'abbaisser l'excessi- ve puissance de la France : Autant de motifs , ou plutôt autant de frivoles prétextes , que les ar- tificieuses insinuations du Mi- nistere Britannique ne sçurent que trop faire valoir.

On allegue le bien de l'Etat , & ce bien de l'Etat n'étoit au- tre chose que l'intérêt particu-

(111)

 fier du Souverain , intérêt qui
n'a rien de commun avec celui
de la Nation : Car à qui per-
fuadera - t'on que l'Angleterre
ait quelque chofe à craindre ou
à efperer de la Maifon d'Autriche ?

Mais la foi des Traités , &
de quelle Traité veut-on parler ? de celui fans doute par lequel l'Angleterre a promis la
garantie de la Pragmatique-
Sanction ; & cette efpece de
Loi n'eft-elle pas non-feulement
nulle , mais encore directement
oppofée à l'équité , ainfi que je
l'ai démontré dans ma feconde
& dans ma troifiéme Lettre ?

Mais l'intérêt de la caufe

commune exigeoit que l'on op-
posât une barriere à l'exorbi-
tante puiſſance de la France, &
que l'on mît tout en œuvre pour
le maintien d'un Equilibre, qui
ſeul peut aſſurer le repos & la
tranquillité de l'Europe. Vous
avez lû, Monſieur, ce que j'ai
eu l'honneur de vous écrire dans
ma premiere Lettre au ſujet de
cet Equilibre, qui a été le motif ou le prétexte de tant de
longues & cruelles Guerres. S'il
y a eu quelqu'égalité de Puiſſance entre les Maiſons d'Autriche & de Bourbon, nous
pouvons dire que ce n'a été que
ſous le régne de l'Empereur
Charles V. Le partage que ce
Prince

Prince fit de ses Etats, retablit
la France dans la supériorité
qu'elle a toujours conservée sur
la Maison d'Autriche : mais ad-
mettons que le maintien de la
tranquillité de l'Europe dépen-
de de la conservation de ce prétendu Equilibre, s'ensuit-il de-
là que l'Europe soit intéressée
à faire subsister cet Equilibre
du côté de la Maison d'Autriche ? Niera-t'on que la Maison de Brangdebourg ne soit
actuellement bien plus en état
de tenir la balance contre la
France, que la Maison de Hasbourg, dépouillée de ce grand
nombre de riches Provinces
qu'elle devoit à ses usurpations ?

Tome II.   K

Convenons donc, Monsieur,
que les raisons alleguées par le
Ministere Britannique, n'étoient
que de vains prétextes imaginés, pour couvrir les vuës am-
bitieuses & intéressées du Souverain.

La résolution en étoit prise,
la Nation Angloise devoit être
humiliée & réduite à un état
d'abbaissement, qui la disposât à
souffrir sans murmure le joug
qu'on vouloit lui imposer ; & ne
la voyons - nous pas cette fiere
Nation forcée de baiser la main
qui la charge de chaînes. Ses
plaintes ne peuvent plus parvenir jusqu'au Trône, on n'y laisse
passer que des Adresses dictées

(115)

par la flaterie , & préfentées
par ceux-là même , qui deftinés
par leur Miniftere à défendre
les droits du Peuple , & à le pro-
teger contre l'oppreffion , fem-
blent ne s'occuper que des
moyens de l'enfoncer toujours
plus dans la mifere : car quelle
eft la fuite ordinaire de ces
Adreffes ? c'eft toujours quelque
nouveau fubfide que l'on exige
du Peuple fous le fpécieux prétexte du bien de l'Etat , fans
fonger que l'épuifement du Peuple entraîne néceffairement la
ruine entiere du Commerce ;
& voilà la funefte caufe de la
mifere extrême répandue dans
tout le Royaume.

K ij

(116)

Mais ce ne sont pas là les seuls griefs de la Nation Britannique, rien qui lui soit plus cher que la liberté, & c'est sur les ruines de sa liberté que s'est établie la puissance du Souverain. Les anciennes Constitutions de l'Etat ont fait place à de nouvelles Loix, qui ne tendent qu'à priver le Peuple de ses privileges & de ses droits ; plus de liberté ni dans les Elections, ni dans les suffrages, vendus honteusement à l'autorité Royale, par l'intérêt & l'ambition.

Je n'entrerai pas, Monsieur, dans un plus grand détail, parce que je crois, que ce que je viens de dire, suffit pour décider la premiere queſtion que je m'étois propoſé d'éclaircir. Eſt-il plus avantageux à la Nation Britannique de demeurer ſous une domination étrangere, que de rentrer ſous celle de ſes légitimes Souverains ? La Nation Angloiſe ne peut mieux démêler quels ſont ſes véritables intérêts, qu'en réflechiſſant ſérieuſement ſur le parallele que je viens de lui préſenter ; mais qu'après avoir comparé ſa ſituation paſſée avec ſa ſituation préſente, elle examine encore ce que l'avenir lui promet & par rapport au bien de la Religion & par rapport à celui de l'Etat.

Qu'eſt ce que la Religion peut

deſirer de plus, que ce qui lui
eſt aſſuré par les promeſſes les
plus ſolemnelles, faites au nom
d'un Prince intéreſſé lui-même
à les effectuer, puiſque ce ſeroit
de ſa fidélité à garder ſes promeſſes que dépendroit ſon affer-
miſſement ſur le Trône où il
ſeroit monté ? Intimement convaincu que l'autorité des Souverains ne s'étend pas juſqu'à
leur donner droit de gêner la
conſcience de leurs Sujets, non-
ſeulement il promet de confir-
mer toutes les Loix faites pour la
conſervation des différentes Religions établies en Angleterre,
en Irlande & en Ecoſſe, mais il
s'engage de plus à approuver

toutes les mesures que le Clergé, ou un Parlement libre juge-
ra être les plus propres à maintenir ces mêmes Religions dans
tout leur éclat.

Mais est - il quelqu'avantage
que la Nation Britannique ne
soit en droit de se promettre,
par rapport au bien de l'Etat,
dans la supposition qu'elle réta-
blisse sur le Trône la posterité
de ses anciens Rois. A une Guerre ruineuse, succedera une Paix
d'autant plus durable, que le
Prince, qui régnera n'aura point
d'intérêt particulier qui le lie à
une Maison, dont l'ambition a
si souvent troublé le repos & la
tranquillité de l'Europe. Le

Commerce se rétablira, & ramenera l'abondance, & ce qui
le rendra plus florissant ; c'est
que la France & l'Espagne deve-
nues alliés de l'Angleterre, ne
refuseront rien de ce qui pourra
servir à accroître le Commerce
de ce Royaume. Un autre avantage non moins considérable
pour la Nation Britannique ;
c'est qu'étant gouverné par un
Prince qui se trouvera séparé de
toute possession étrangere , &
dont les intérêts par conséquent
seront toujours les mêmes que
ceux de son Peuple, elle sera
assurée que ses richesses ne seront plus transportées hors du
Royaume ; comme aussi elle
n'aura

n'aura plus le chagrin de voir des Etrangers partager feuls en- tr'eux les faveurs & les bienfaits du Souverain ; mais rien qui foit plus capable de décider la Na- tion Angloife fur le parti qu'el- le a à prendre , que l'affuran- ce qui lui eft donnée, d'être re- mife en poffeffion de fes droits & de fes privileges, & de re- couvrer l'heureufe liberté dont elle avoit été dépouillée : déja la durée des Parlemens des trois Royaumes eft fixée ; & pour qu'il ne s'y décide rien con- tre les intérêts du Peuple, il eft réglé que ceux qui feront attachés à la Cour par des Charges ou des Penfions, ne

Tome II.   L

feront pas admis à *voter*.

Un Réglement si sage suffi
seul pour faire juger à la Na
tion Angloise combien heureu
se seroit sa destinée sous le Gou
vernement d'un Prince, qui
par ses vertus, s'est rendu l'objet de l'admiration de toutes les
Nations de l'Europe, & dont
les premiers soins semblent n'a-
voir pour objet, que de donner
au Peuple de généreux défen-
seurs, qui dépouillés de toute
vuë d'intérêt & d'ambition, ne
soient animés que du seul zéle
de la Patrie.

Mais ne considerons, Mon-
sieur, que les seuls intérêts de
l'Irlande & de l'Ecosse. Qu'est

(123)

devenu l'ancienne liberté ? que
font devenus les droits & les
privileges dont jouiſſoient ces
deux Royaumes ? A cette liberté, que la tirannie ſeule a pû
leur enlever, a ſuccedé la cap-
tivité la plus humiliante ; car
comment les malheureux Habitans de ces Royaumes ſont-
ils traités ? leur permet-on de
ſe conduire ſelon leurs loix &
ſelon les conſtitutions fondamentales de leurs Etats ? Regardés non comme Citoyens,
mais comme Etrangers, par rapport à l'Angleterre, on les per-
ſécute, on les opprime, on les
épuiſe par des tributs exceſſifs ;
pourquoi cela ? parce que l'on

eſt perſuadé qu'il n'y a que l
pauvreté & la miſere qui puiſ
retenir ces Peuples infortune
dans la ſervitude, & les em
pêcher de ſe dérober au jou
qu'on leur a impoſé.

Avançons, Monſieur, & pa
ſons à la ſeconde queſtion, qu
je me ſuis propoſé d'examine
Voyons ce que différentes Puiſ
ſances de l'Europe auroient
craindre ou à eſperer du chan
gement de domination dont j
viens de parler. Commençon
par la France & par l'Eſpagne.

Ne vous ſurprendrai-je poin
Monſieur, ſi j'avance, que loi
que ces deux Puiſſances ſoient in
téreſſées à avancer ce change

ment, elles devroient au contraire travailler à l'empêcher, & en
voici la raison : Qu'un Roy d'Angleterre captive l'amour & la
tendreſſe de ſes Sujets, qu'il régne dans leurs cœurs, il eſt dès-
lors aſſuré de pouvoir diſpoſer
à ſon gré des forces & des tréſors de la Nation. Que ſi par ſa
mauvaiſe adminiſtration il alie-
ne les eſprits ; ſi par ſa conduite
il donne ſujet de penſer que les
intérêts du Peuple lui ſont moins
chers que les ſiens propres ; devenu odieux à ſes Sujets, il ne
peut plus s'en promettre que de
foibles ſecours, & ce ne ſera
même qu'à la violence ou à l'artifice qu'il devra ceux qui lui

feront accordés : Or fi la puiffance d'un Roy d'Angleterre eft plus ou moins redoutable à fes Ennemis, à mefure qu'il eft plus ou moins aimé de fes Sujets : quelle conféquence devons nous tirer de ces principes inconteftablement vrais ? mais fans faire les applications qui fe préfentent naturellement , concluons que ce feroit avec un zéle extrême que la Nation Britannique concoureroit à la gloire d'un Prince , qui ne monteroit fur le Trône , que pour y faire régner la juftice, la modération, la clémence , & toutes les autres vertus qui forment les grands Rois , & qui en confervant la

paix avec ſes Voiſins, travaille-
roit à aſſurer le bonheur de ſes
Sujets.

Auſſi je crois, Monſieur, que
c'eſt là le principal motif, qui a
décidé la France & l'Eſpagne,
ſur le parti qu'elles devoient
prendre dans les circonſtances
préſentes : ces deux Couronnes
aſſez généreuſes pour ſacrifier
leur intérêt particulier au bien
de la paix, ne prêtent du ſecours
à la Maiſon de Stuart, que parce qu'elles ſont convaincues que
la tranquillité de l'Europe dé-
pend en partie du rétabliſſe-
ment de cette Maiſon ſur le
Trône de la Grande-Bretagne.
Diſons la même choſe, & par

rapport à Sa Majesté Sicilienne, & par rapport à la République de Genes, comment ces
deux Puissances ont - elles été
traitées? & qu'avoient-elles cependant fait, qui dût les exposer au cruel ressentiment du Ministere Britannique?

Mais qu'avoit fait Sa Majesté
Prussienne, pour engager la
Cour de Londres à faire jouer
tant de ressorts secrets, qui ne
tendoient qu'à dépouiller ce
Prince, non-seulement de la Silesie, mais encore de tout ce
qui lui avoit été cédé par le
Traité de Munster, & par d'autres Traités subséquens: Que
se proposoit la Maison de Ha-

(129)

novre ? de gouverner defpotiquement l'Allemagne, conjoin-
tement avec la Cour de Vienne ; pour parvenir à fes fins, elle
devoit donc commencer par
travailler à diminuer la Puiffance de la Maifon de Brangdebourg, & quelles voyes n'a-
t'elle pas employé, pour armer
contre cette Maifon toutes les
Puiffances du Nord ? Mais étoit-
ce de la Cour de Peterfbourg
qu'elle devoit fe promettre du
fecours ? il auroit fallu pour cela
que l'on eût ignoré qui étoit
l'auteur des tentatives faites
pour rétablir fur le Trône de
Ruffie l'Ufurpateur qui en avoit
été chaffé.

(130)

Je passe, Monsieur, aux intérêts de notre République ; si
notre destinée est en quelque
façon attachée à celle de l'Angleterre, si nous nous croyons
obligés d'entrer dans toutes les
Guerres qu'elle déclare , ou
qu'elle a à soutenir, nous devons
donc souhaiter que ce Royaume soit gouverné par un Prince
qui n'ait point d'autre ambition,
que celle de maintenir la paix
avec ses Voisins, & de la faire
régner parmi ses Sujets. Nous
nous sommes laissés séduire par
les artificieuses insinuations de
la Cour de Londres, & la Nation
Angloise n'a pas été plus sage
que nous; car quel intérêt avoit-

elle, & quel intérêt avions-nous
nous-mêmes à unir nos forces à
celles de la Maison d'Autriche ?
un peu de pénétration auroit
dû nous éclairer sur les vuës de
Sa Majesté Britannique : si ce
Prince n'avoit rien eu à esperer
de la Cour de Vienne, il s'en
feroit tenu à une exacte neutralité, & nous aurions suivi son
exemple, mais l'espérance de se
rendre aussi puissant en Allemagne, qu'il l'étoit en Angleterre, jointe au dessein qu'il avoit
formé d'humilier la Nation
Angloise; voilà, Monsieur, la
fatale cause de la Guerre ruineuse, qui trouble notre repos,
& celui de l'Angleterre.

Je finis, Monsieur, mes réflexions par l'examen que j'ai eu l'honneur de vous annoncer au commencement de cette Lettre. Il s'agit d'imaginer quelque plan d'accomodement, qui rende le repos à l'Angleterre, & qui en assure la tranquillité : Mais comment concilier des intérêts autant opposés, que le font ceux des deux Maisons qui font en guerre ? Je conviens qu'il est nécessaire que l'une & l'autre fasse quelque sacrifice au bien de la paix ; & voici les préliminaires qui pourroient être proposés, & fur lesquels on pourroit entrer en négociation.

Que la Maison de Stuart ,

contente d'être remife en poffeffion des Royaumes d'Irlande & d'Ecoffe, renonce en faveur de celle de Hanovre aux
droits inconteftables qu'elle a
fur la Couronne d'Angleterre;
& pour dédommager les An-
glois de la perte que ce démem-
brement de leur Monarchie
pourroit leur caufer, la France
& l'Efpagne promettront de leur
accorder de nouveaux avantages pour leur commerce : Mais
ce premier article ne fuffit pas
pour rétablir la Paix en Angleterre.

Ce n'eft pas fans murmurer ,
que la Nation Britannique fe
voit gouvernée par un Prince ,

dont les intérêts ne font pas à beaucoup près les mêmes que ceux de ſes Sujets. Cette oppoſition d'intérêt ceſſera, ſi le titre d'Electeur de Hanovre eſt ſéparé de celui de Roy d'Angleterre. Il convient donc que Sa Majeſté Britannique conſente d'abdiquer la Couronne en faveur du Prince de Galles ſon Fils aîné, & il convient auſſi que ce Prince promette, avant que de monter ſur le Trône, de rétablir l'ancienne forme de Gouvernement, & de remettre le Peuple en poſſeſſion des droits & des privileges dont il a été dépouillé.

Si le Roy Georges ne régne

plus en Angleterre, il régnera du moins à Hanovre ; & avec le secours des tréfors immenfes qu'il a accumulés, lui fera-t-il difficile de fe former en Allemagne un nouveau Royaume qui l'empêchera de regretter celui qu'il aura quitté ?

Voîlà, Monfieur, le plan d'accommodement que je vous avois promis. Vous paroît-il propre à faire ceffer les troubles qui agitent l'Angleterre ? Dans la premiere Lettre que vous me ferez l'honneur de m'écrire, marquez moi fi mes idées fe font rencontrées avec les vôtres. Pour la troifiéme fois, je vous promets la démonftration que

vous attendez depuis long-
tems. Je suis avec le plus parfait dévouement,

MONSIEUR ,

Votre très - humble &
très-obéissant servi-
teur ***.

A Paris ce 1. Juin
1746.

DIXIEME

DIXIEME LETTRE

D'UN

SEIGNEUR HOLLANDOIS.

A UN DE SES AMIS,

A LA HAYE.

SUR la retraite des Troupes Autrichiennes en Hollande.

Avec des éclaircissemens sur le parti, qui dans les circonstances présentes paroît s'accorder le mieux avec les intérêts de Leurs Hautes-Puissances.

MONSIEUR,

Les périls où nous nous trouvons malheureusement exposés

ne me surprennent point ; je les
avois prévûs , & il n'a pas dépendu de moi que notre République ne se précautionnât contre ces mêmes dangers : Mais
mes remontrances ont été inutiles ? & comment pouvois - je
esperer qu'elles dussent l'empor-
ter sur les artificieuses sollicitations des Cours de Vienne &
de Londres ? Le but que ces
Cours se proposoient , c'étoit de
nous engager de façon qu'il ne
nous fut plus possible de reculer ; tout ce que la politique a de
plus rafiné , a été employé pour
nous séduire & pour nous tromper.

L'Electeur de Saxe honteuse-

ment trahi , eſt forcé de ſe prêter à un accommodement , autant préjudiciable à ſes intérêts , que conforme aux vuës
des Cours de Vienne & de Londres. Les moyens dont on s'eſt
ſervi , pour mettre ce Prince
dans la néceſſité de faire la paix,
ne ſont - ils pas à peu près les
mêmes, que ceux que l'on a mis
en œuvre pour nous obliger de
continuer la Guerre ? Si nous
ſommes battus à Fontenoy , ſi
après la perte de cette Bataille
la France s'empare de la plus
grande partie des Pays-Bas, ce
n'eſt que parce que les Cours de
Vienne & de Londres manquent
à leurs engagemens. Il nous reſ-

M ij

toit une Place, qui fermoit aux
Ennemis l'entrée de nos Provinces , & cette Place nous a-
t'on mis en état de la conserver?
Où sont ces Troupes nombreu-
ses ; qui avant même que la
Campagne fut ouverte , devoient marcher à notre secours?
Ces Troupes sont passées en Italie , & ne devions-nous pas nous,
y attendre ? L'intérêt de la Cour
de Vienne exigeoit qu'elle fît les,
plus grands efforts pour se conserver un Allié qui étoit prêt à,
lui échaper : si cette même Cour
nous a abandonné , c'est qu'elle,
n'étoit que trop assurée que les,
périls qui nous menaçoient, n'é-
toient pas capables d'ébranler

notre fidélité , fi toutes fois je
puis appeller de ce nom l'opi-
niâtre entêtement qui nous re-
tient dans le parti que nous
avons embraffé , & dans lequel
nous ne pouvons perfeverer ,
fans expofer nos Provinces aux
funeftes fuites de la plus cruelle Guerre. Si elles n'en font pas
encore le théatre , avouons que
nous en avons l'obligation à la
modération d'un Monarque ,
qui quoique victorieux , ne fe
laffe point de nous offrir la paix.
Les forces que nous avons à lui
oppofer , pourroient - elles empêcher qu'il ne fît la Conquête
de la Hollande , bien plus ai-
fément encore qu'il n'a fait celle de la Flandre.

(142)

Je viens, Monſieur, à la retraite de nos Alliés ; ce n'eſt pas
ſans deſſein, qu'ils ont choiſi dans
nos Provinces un aſile qui les
dérobât aux pourſuites de leurs
Ennemis ; & puiſque vous voulez, Monſieur, que je vous parle ſans déguiſement , je vous
avouerai que je regarde cette
retraite comme un nouveau pie-
ge que nous tendoit la Cour de
Vienne. Et en effet, que déſiroit
elle ? que la France tranſportât
dans nos Provinces le théatre
de la Guerre ? & dans ce cas ne
nous ſerions - nous pas vûs comme forcés de déclarer la Guerre
à cette Couronne ? Or, que pouvoit-il arriver , qui s'accordât

mieux avec les vuës de la Cour
de Vienne ? Si elle a été trompée dans son attente, c'est du
moins pour elle un avantage
considerable, d'avoir sçu trouver le moyen de se décharger
sur nous du soin de fournir à la
subsistance d'une partie de ses
Troupes ; & ne nous flatons pas
que ce soit là un fardeau dont
nous devions être si-tôt soula-
gés.

Mais, Monsieur, ce qui m'af-
flige infiniment, c'est que je ne
prévois que trop tout ce que les
malheureux Habitans de quelques-unes de nos Provinces auront à souffrir de la licence de
ces mêmes Troupes, accoutu-

mées à ne mettre aucune dif
tinction entre les pays amis &
ennemis ; & comme si ces Trou
pes n'étoient pas en assez grand
nombre pour répandre la mise
re dans nos Provinces, & pour
en troubler la tranquillité, on
y en fait venir encore de tout
côté, sous le prétexte qu'elles
sont nécessaires pour mettre nos
Etats à couvert des entreprises
de l'ennemi.

Mais s'il étoit vrai que la France eût eu envie de porter la
Guerre dans notre Pays, & d'y
étendre ses Conquêtes, auroit-
elle tardé si long-tems à profiter de la supériorité de ses forces, pour exécuter le dessein
que

que l'on veut bien lui prêter ? Quelles Barrieres avions-nous à lui oppoſer ? Ce petit nombre de Places qui font la défenſe de nos Etats, auroient-elles tenu long-tems contre une Armée victorieuſe, & qui ſera toujours bien ſupérieure à la nôtre, quelque effort que nous faſſions pour la groſſir.

Concluons donc que ſi la France n'a point encore fait une invaſion dans l'intérieur de nos Provinces, nous ne devons l'attribuer qu'au deſir qu'elle a de conſerver la Paix avec nous ; & cependant comment en avons-nous uſé à l'égard de cette Couronne ? Dans l'aſſiſtance que nous

avons prêté à la Reine de Hongrie, nous en sommes nous tenu
aux secours stipulés par les Trai
tés? Quelle raison nous obligeoi
de lui accorder un nouveau ren
fort de vingt mille homme,
dans le tems même que la France ne songeoit qu'à défendre ses
frontieres ? Et qui ne sçait qu'i
n'a pas dépendu de nous que
nous n'ayons armé contre cette
Couronne, le Nord tout entier,
& la plûpart des Cours d'Allemagne.

Si nous ajoutons à cela, Monsieur, les autres sujets de mécontentement que nous avons
donné à cette Couronne ne se-
rons-nous pas forcés de conve-

mir que nous ne devions gueres
esperer qu'elle pouſſât ſi loin les
ménagemens qu'elle a eû juſqu'à préſent pour notre République ? Si nous n'avons pas cru
devoir refuſer à nos Alliés une
retraite dans l'intérieur de nos
Provinces, nierons-nous que les
François ne fuſſent autoriſés par
les droits de la Guerre à pour-
ſuivre leurs Ennemis, & à en uſer
à l'égard de laHollande,comme
Sa Majeſté Pruſſienne en a uſé
à l'égard de la Saxe ? & ſi cela
fût arrivé , n'aurions - nous pas
eu tout ſujet d'apprehender que
le peuple ne ſe fût porté à une
révolte générale? Car comment
perſuader à ce peuple, qui rai-

fonne, que fa fortune & fon repos doivent être facrifiés à des
intérêts étrangers ? Ce feroit
fans murmurer qu'il s'épuiferoit
pendant un tems pour fournir
aux frais de la Guerre, s'il ju-
geoit qu'elle fût entreprife pour
la gloire ou pour la profpérité
de l'Etat : Mais il s'agit ici d'u-
ne Guerre ruineufe, qui expofe
l'Etat aux plus grands périls ,
fans qu'elle puiffe lui apporter
aucun avantage , quelle qu'en
doive être l'iffue.

Et cependant fi nous en
croyons les Cours de Vienne &
de Londres, nous fommes inté-
reffés plus que jamais à redoubler nos efforts pour la conti-

nuation de cette même Guerre.
On exige même que nous nous
conſtituyons comme Partie
principale ; c'eſt-à-dire que l'on
veut que nous prenions la place
de l'Angleterre, & que comme
ce Royaume s'eſt épuiſé pour
fournir aux frais de la Guerre ,
il faut que la Hollande s'épuiſe
à ſon tour pour la continuer , &
n'en eſt-on pas venu juſqu'à nous
menacer de nous abandonner ,
ſi nous nous en tenions aux ſecours que nous avons fournis
juſqu'à préſent. Audacieuſes
menaces ! que l'on ne nous feroit
pas , ſi l'on ne nous croyoit liés
de façon à ne pouvoir nous dé-
gager.

N iij

Il est vrai que la Cour de Vienne a eu la complaisance de nous faire dire qu'elle nous laisſoit les maîtres de régler la deſtination d'un nouveau Corps de vingt mille hommes de Troupes Impériales ; mais bien entendu que ces Troupes ſeroient à la ſolde de notre République. N'admirez-vous pas avec moi, Monſieur, la générofité de la Cour de Vienne ? Reconnoiſſante pour tous les ſervices que nous lui avons rendu, elle nous offre du ſecours ; mais à quel prix ? Je viens de le dire. A en juger par les ſéduiſantes inſinuations des Miniſtres de cette Cour, il ſemble que ſi elle

continue la Guerre, ce ne soit
pas tant pour ses intérêts que
pour ceux de ses Alliés.

Mais avançons, Monsieur,
& examinons avec attention
quelles sont les raisons qui peuvent retenir notre République
dans le parti qu'elle a embrassé :
Est-ce la vuë de son intérêt particulier, qui l'empêche de se détacher des intérêts de la Maison
d'Autriche ? Cet intérêt a sans
doute pour objet la conservation
ou le recouvrement de nos Barrieres, l'accroissement de notre
Commerce, le rétablissement
du repos & de la tranquillité de
l'Europe : Or je dis, Monsieur,
que ce sont là autant de motifs,

N iiij

(152)

qui devroient nous engager à
convenir avec la France d’une
exacte neutralité ; je ne craindrai pas même d’ajouter que ces
mêmes motifs doivent nous déterminer à contracter avec la
France l’Alliance la plus étroi-
te. Mettons ces différens points
dans le plus grand jour.

L’objet qui paroît nous intéresser le plus, c’est la conservation de nos Barrieres, & il est
vrai que c’est là l’objet qui devroit nous intéresser le moins ;
& en effet ces Barrieres ne nous
sont-elles pas bien plus à charge,
qu’elles ne nous sont utiles ? Que
ne nous coûte pas leur entretien ? Que de Troupes nécessai-

(153)
res pour les garder ? Combien
d'argent, par conséquent, qui
se transporte hors du Pays pour
n'y plus rentrer ? Ces Barrieres
que nous regardons comme la
principale défense de nos Provinces, ont-elles empêché que
la France n'ait porté en 1672,
ses Armes victorieuses jusqu'aux
Portes de notre Capitale ? Et
qu'est - ce qui pourroit l'empêcher de faire encore aujourd'hui
les mêmes Conquêtes ? Mais le
plus grand mal, comme je l'ai
déja dit, c'est que ce sont ces mêmes Barrieres qui nous mettent
continuellement à la veille d'ê-
tre dans la nécessité de prendre
les Armes ; & n'est-ce pas là le

but que semble s'être proposé la
Maison d'Autriche , en nous
cédant ces Places en otage ?
Que cette Maison déclare la
Guerre , ou qu'on la lui déclare , nous voilà comme obligés d'unir nos forces aux sien-
nes.

Mais je veux que ces Bar-
rieres nous soient absolument
nécessaires ; ne pouvons - nous
pas les tenir de la France , avec
bien plus d'avantage , & avec
moins de risque , que si nous
les tenions de la Maison d'Autriche ? J'ajoute que la France
peut nous accorder des Places
qui seront bien plus à notre
bienséance , & qui nous seront

de beaucoup plus utiles, que celles qui nous avoient été cédées,
& qui selon toutes les apparen-
ces ne rentreront pas si-tôt sous
la puissance de la Maison d'Autriche.

Vous me direz peut-être ,
Monsieur , qu'il n'est rien de
plus à craindre pour nous , que
de nous mettre sous la dépen-
dance de la France ; & n'avons-
nous pas gémi assez long-tems
sous la fiere domination des Empereurs Autrichiens ? Combien
de fois n'avons - nous pas été
forcés de sacrifier notre fortune & notre repos à leur intérêt
ou à leur ambition ? Aurions-
nous oublié cette longue suite

(156)

de cruelles Guerres, dans lef-
quelles ils nous ont entraînés, &
quel en a été pour nous le fuccès ? Nous nous fommes épui-
fés pour une Maifon, qui n'a
reconnu les fervices que nous
lui avons rendus, que par la
plus monftrueufe ingratitude.

Si nous avons quelque alliance à contracter, que ce foit avec
un Prince affez puiffant pour
nous fecourir, fans que le be-
foin l'oblige de nous faire payer
cherement l'affiftance qu'il nous
prêtera. Unis avec la France,
nous ferons affurés d'en être
puiffamment fecourus, & ne
craignons pas qu'elle penfe jamais à étendre fur nous fes

Conquêtes ; parce qu'il eſt de ſon intérêt, auſſi - bien que de celui de toute l'Europe, de concourir à la conſervation de notre République, & en voici la raiſon. Si le Commerce nous enrichit, il eſt vrai auſſi que par notre Commerce nous portons l'abondance chez toutes les Nations ; & c'eſt là le fruit de notre économie, de notre ardeur infatigable pour le travail, & de notre induſtrie ; & quelle Nation pourroit la pouſſer auſſi loin que nous ? Que la Hollande change de maître, le Commerce de l'Europe entiere ſouffrira de ce changement.

Et c'eſt, Monſieur, l'intérêt

de notre Commerce, qui exige que nous évitions tout sujet
de brouillerie avec la France.
Pour nous en convaincre, nous
n'avons qu'à comparer notre
situation présente avec celle de
l'Angleterre : la misere extrême répandue dans ce Royaume
y est une suite de l'entiere déca-
dence du Commerce : si le nôtre devient chaque jour plus
florissant ; si depuis quelques années il nous apporte des richesses immenses, ce n'est que parce que nous ne sommes pas en-
trés en Guerre avec la France :
Mais quel accroissement pour
nous de prospérité, si cette Couronne nous rendoit non - seule-

(159)

ment les avantages qu'elle nous
a ôtés ; mais si elle nous en ac-
cordoit encore de nouveaux ;
& ne lui est-il pas facile de le
faire ? Alliés de la France, nous
n'aurions plus à craindre qu'u-
ne orgueilleuse Puissance nous
imposât la loi, ni qu'elle conti-
nuât d'usurper l'empire de la
mer. Or , si le Commerce est
le principal objet qui nous inté-
resse , nous devons donc préferer l'Alliance de la France à
celle de la Maison d'Autriche ,
puisque nous avons tout à craindre, ou tout à esperer de l'une, &
que nous n'avons rien à craindre, ni rien à espérer de l'autre.

Je ne parlerai point ici, Monsieur, du rétablissement de ce

(160)

prétendu Equilibre de l'Europe ; vain fantôme, qui n'a été
imaginé par la Maifon d'Autriche que pour fe faire des Alliés, & fufciter des ennemis à
la France. J'ai déja dit que cet
Equilibre n'avoit jamais fub-
fifté, ou que s'il avoit fubfif-
té, ce n'avoit été que fous le
Régne de Charles V. Ainfi
pour rétablir cet Equilibre, il
faut que toutes les Puiffances de
l'Europe fe liguent contre la
France, & qu'elles fe détermi-
nent à ne mettre bas les Armes, que lorfqu'elles auront
remis la Maifon d'Autriche en
poffeffion des deux Silefies, de
la Franche-Comté, de l'Alfa-
ce

ce, des Pays-bas, des Royaumes de Naples & de Sicile, &
de plusieurs autres Etats d'Italie. Ce n'en est pas assez, il faut
que nous-mêmes nous nous dé-
pouillions en faveur de cette
Maison, des Provinces que nous
possedons, & que nous nous
contentions des acquisitions
que nous avons faites dans les
Indes.

Qu'en pensez-vous, Monsieur ?
Croyez-vous que parmi nos Ré-
publiquains, il s'en trouvât
beaucoup qui voulussent se prêter à l'exécution d'un pareil
projet ? Parlons, Monsieur, de
bonne foi, & convenons que si
depuis bien des siécles la Mai-

son d'Autriche avoit été resser-
rée dans les seuls Etats qu'elle
possede en Allemagne, la tranquillité de l'Europe n'auroit
point été si souvent troublée.

Je ne vous ennuyerai point,
Monsieur ; en vous répétant ici
ce que je vous ai déja dit dans
ma seconde & dans ma troisié-
me Lettre, au sujet des engagemens que nous avons contractés
avec la Cour de Vienne ; engagemens qui sont non seulement
nuls, mais qui sont encore directement opposés à l'équité ,
& que nous ne pourrions par
conséquent remplir, sans nous
rendre nous - mêmes coupables
d'injustice. La France & l'Espa-

gne , les Electeurs de Saxe &
de Baviere avoient promis comme nous la garantie de la Prag-
matique Sanction ; & c'eſt parce qu'ils en ont connu l'invalidité & l'injuſtice , qu'ils ne ſe
ſont pas cru obligés de maintenir l'ordre illégitime de ſuccef-
ſion établi par le feu Empereur
Charles V I. Mais l'exemple de
l'Empire n'eſt-il pas ſeul capable de nous décider ? Nous flat-
terions - nous de pouſſer plus
loin que lui la fidélité à garder
la foi des Traités ? S'il s'en tient
à une exacte neutralité , n'eſt-
ce pas parce qu'il ne ſe croit pas
lié par la garantie qu'il avoit
promiſe ?

O ij

J'ai dévelopé dans ma Lettre précédente les motifs qui
ont engagé Sa Majesté Britannique à unir ses forces à celles
de la Reine de Hongrie , & je
crois avoir démontré que l'intérêt de la Nation Angloise
avoit été sacrifié à l'intérêt particulier du Souverain.

On ne soupçonnera pas ceux
qui gouvernent notre République , de s'être conduits par
d'autres motifs , que par ceux
que leur inspiroit le zele qui les
anime pour le bien de la Patrie.
Mais n'est - il pas tems qu'ils
commencent enfin à ouvrir les
yeux sur les périls qui nous me-
nacent , & que nous ne pou-

vons éloigner de nous , qu'en entrant dans les vuës pacifiques de la France ? Nous ferions ex-cufables , fi c'étoit ou un devoir d'intérêt , ou un devoir de juftice , qui nous retînt dans l'Alliance que nous avons mal-heureufement contractée ; mais c'eft , & notre intérêt propre , & l'équité même qui veut que nous nous en détachions : Je dis l'équité même ; car s'il eft inconteftablement vrai , com-me je l'ai prouvé , que la Reine de Hongrie n'a aucun droit à la Succeffion Autrichienne , pou-vons-nous fans injuftice empê-cher que les Puiffances , qui ont de légitimes prétentions fur ce.

te Succeſſion, ne les faſſent valoir ?

Je vous laiſſe, Monſieur, le
ſoin de faire la recapitulation
de toutes les raiſons que j'ai ex-
poſées dans cette Lettre ; bien
volontiers je conſens que vous
la communiquiez à ceux de nos
Compatriotes, qui ſont les
plus zelés Partiſans de la Maiſon d'Autriche ; que ſe dépouil-
lans de leurs préventions, ils
jugent ſans partialité, & ils dé-
cidéront que, puiſque les Engagemens par leſquels nous nous
ſommes crus liés, ſont évidemment nuls, nous devons par
conſéquent nous en tenir à une
exacte neutralité, qui en nous

dérobant aux périls où nous
fommes expofés , ramenera la
paix & la tranquillité dans nos
Provinces.

Adieu, Monfieur, je vous ai
fi fouvent trompé par rapport
à la démonftration que vous attendez depuis long-tems , que
je n'ofe prefque plus vous en
parler. J'efpere cependant que
je ne tarderai pas à vous l'envoyer. J'ai l'honneur d'être avec
un parfait dévouement ,

MONSIEUR,

Votre très-humble &
très obéiffant fervi-
teur ***

A Paris ce 15 Juin.
1746.

ONZIEME LETTRE

D'UN
SEIGNEUR HOLLANDOIS
A UN DE SES AMIS.

A LA HAYE.

Sur la derniere Bataille donnée près
de Plaisance.

*Avec un Examen des suites que cette
Bataille peut avoir pour les deux
Partis opposés.*

MONSIEUR,

Ce seroit avec une sensibili-
té extrême que je partagerois
la joie que causent à quelques-
uns

uns de nos Compatriotes , les glorieux fuccès qui accompa-gnent en Italie les Armes de nos Alliés , fi je ne prévoyois que ces mêmes fuccès auront pour notre République des fui-tes bien différentes de celles que nous nous en promettons. Les Miniftres des Cours de Vienne & de Londres ne man-queront pas de nous infinuer que nous fommes plus intéref-fés que jamais à redoubler nos efforts contre la France. Et ne font-ils pas déja venus à bout de nous perfuader qu'il fe fera bien-tôt en Flandre le même changement qui s'eft fait en Italie ? Dangereufe perfuafion qui ne fervira qu'à prolonger les malheurs qui nous accablent , & qu'à augmenter les périls où nous fommes expofés : Car nous flaterions-nous que la France fût encore difpofée à ufer à notre égard des ménagemens qu'elle a eu pour nous , au préjudice même de fes plus chers intérêts ?

Nous nous applaudiffons d'avoir fçu depuis le commencement de la Guerre amufer cette Puiffance , par la trompeufe efpérance d'une exacte neutralité , & n'eft-ce pas encore là le but que nous femblons nous propofer dans ces négociations qui ne finiffent point ; fi nous

n'en sommes pas encore venus
à une rupture ouverte , avouons
de bonne foi que nous n'en
avons été empêchés , que par
la crainte de perdre les avantages d'un commerce floriſſant:
Et puiſque vous voulez , Monſieur , que je ne vous déguiſe
aucun de mes ſentimens , je ne
craindrai pas d'ajoûter que je
ſuis bien convaincu, que ſi nous
avons différé juſqu'à préſent
d'entrer en guerre avec la France, ce n'eſt pas que nous ne dé-
ſiraſſions avec ardeur d'abbaiſ-
ſer la Puiſſance de cette Couronne : mais la ſupériorité de
ſes forces nous ôtoit l'eſperan-
ce d'un heureux ſuccès, & c'eſt

pour cette raifon, qu'avant que
de nous déclarer, nous avons
voulu attendre quel feroit le
fort des Armes. Que s'il eût été
autant contraire à la France,
qu'il lui a été favorable, qu'en
penfez-vous, Monfieur, croyez-
vous que nous euffions eu pour
la France les mêmes ménagemens qu'elle a pour nous? Nous
ferions - nous abftenus d'enta-
mer fes Frontieres ? La France
auroit vû nos Troupes unies à
celles de fes Ennemis porter la
défolation & le ravage dans
l'interieur de fes Provinces ;
Auffi, je vous avoue, Monfieur,
que la conduite modérée de
cette Couronne, eft pour moi

une énigme que je ne comprens
pas. Peut-être me trompé-je ;
mais je crois que ce n'étoit
point par une continuité d'é-
gards , mais par quelque coup
d'éclat qu'elle devoit nous for-
cer de nous détacher d'une alliance qui nous eſt funeſte , &
Dieu veuille que ſes diſpoſitions
ne changent point ; mais pou-
vons-nous l'eſperer, qu'il eſt au
contraire à craindre que ſa modération ne devienne la meſure
de ſon reſſentiment ?

Examinons à préſent, Mon-
ſieur , de quelle conſéquence
peuvent être pour nous les derniers avantages que les Armes
de nos Alliés viennent de rem-

porter en Italie. Ces avantages
font - ils propres à relever nos
espérances ? Loin de le penser ,
je crois qu'il ne pouvoit rien arriver qui fût plus opposé à nos
véritables intérêts : car que de-
vons-nous le plus appréhender ?
N'est-ce pas ce qui nous éloi-
gne le plus du but que nous
nous proposons, ou du moins
que nous devrions nous proposer ? Or s'il est vrai que la Paix
soit l'objet de tous nos vœux ,
pouvons-nous regarder comme
un avantage, ce qui doit necef-
sairement reculer la conclusion
de cette même paix ? Que l'Armée combinée des trois Couronnes eût eu en Italie les mê-

mes succès qu'elle a eu l'année derniere, cette continuité d'avantages auroit fixé les irrésolutions du Roi de Sardaigne, & l'auroit mis dans la nécessité de renoncer à une alliance qui lui avoit déja couté la perte de la plus grande partie de ses États, & peut-on douter que la Paix particuliere que ce Prince auroit conclue, n'eût été suivie d'une Paix générale ?

La Lombardie seroit rentrée sous la domination de ses légitimes Souverains, & ne nous est-il pas indifférent que ce Royaume soit possedé par l'Espagne ou par la Maison d'Autriche ? Je dis quelque chose

de plus dans la suppofition même que nous nous cruffions in-
téreffés à demeurer inviolable-
ment attachés à la Maifon d'Autriche, je foutiens, & je crois
l'avoir fuffifamment démontré
dans mes précedentes Lettres,
que pour le repos & la tranquillité de notre République, nous
devons fouhaiter que cette Maifon ne poffede rien hors de l'Allemagne.

Mais ce font, Monfieur, les
critiques circonftances dans lef-
quelles nous nous trouvons, qui
doivent redoubler notre ardeur
pour la paix ; fi nos Provinces
ne font pas encore le Théatre
de la Guerre, en jouiffent-elles
pour cela d'un fort moins mal-

(177)

heureux ? & qu'auroient - elles
en effet à fouffrir de plus que
ce qu'elles fouffrent , fi elles
étoient inondées de Troupes
ennemies ? Et ce qu'il y a de
plus déplorable , c'eft que les
maux qui nous accablent , ne
font que commencer ; car nous
n'efpérons pas fans doute de
nous voir fi - tôt délivrés des
Hôtes incommodes qu'il a plû
à la Cour de Vienne de nous
envoyer , & où fe retireroient-
ils ? Seroit-ce dans les Cercles &
Etats de l'Empire , qui ne veu-
lent plus les recevoir , ou dans
les Pays Autrichiens , dont les
Habitans fe trouvent réduits à
une mifere extrême , & n'en

fera t'il pas bientôt de même
des Habitans de quelques-unes
de nos Provinces ?

Telles feront, Monfieur, pour
notre République les fuites de
ces fuccès dont nous nous applaudiffons. Nous nous épuife-
rons pour fournir aux frais
d'une Guerre qui ne peut que
nous être préjudiciable, tandis
que cette même Guerre vaudra
à la Reine de Hongrie une con-
tinuation de fubfides, dont la
Paix la priveroit ; c'eft ainfi que
cette Princeffe recueille le fruit
du fang que fes Alliés répan-
dent, & des dépenfes qu'ils font
pour la maintenir dans la poffeffion de quelques Etats auf-

quels elle n'a aucun droit.

Je paſſe aux intérêts du Roi de Sardaigne. On ne peut nier que ce Prince ne ſoit actuellement en droit de ſe promettre des conditions bien différentes de celles qui lui auroient été accordées, dans le tems, où renfermé dans ſa Capitale, il ſembloit qu'il ne pût acheter la paix, qu'en ſubiſſant la loi qu'on auroit voulu lui impoſer. Mais n'eſt-il pas auſſi naturel de penſer que ce Prince n'aura garde de laiſſer échaper l'occaſion qui ſe préſente de conclure une Paix particuliere, qui s'accordera autant avec ſa gloire qu'avec ſes intérêts ? Et à quel

nouveau péril ne s'exposeroit-il
pas , s'il s'obstinoit à rejetter
toute voie d'accommodement ?
Car je veux que la Reine de
Hongrie soit dans la volonté &
dans la puissance de faire passer
de nouvelles Troupes en Italie ;
je suppose encore que notre République & l'Angleterre soient
résolues de fournir à l'entretien
de ce nouveau Corps d'Armée ,
ces Troupes seront-elles supérieures en nombre à celles que
la France & l'Espagne auront à
opposer ? & pour ne parler que
de la France seule , souvenons-
nous , que lorsque nous l'avons
crû épuisée , c'est alors qu'elle
a porté à ses Ennemis les plus

térribles coups. Ajoutons, Monſieur, que la neutralité de l'Empire jointe à la conquête que la France a faite des Pays - Bas , mettent cette Puiſſance en état de porter ſes plus grandes forces en Italie , & d'y faire de puiſſantes diverſions , ce qui expoſeroit le Roi de Sardaigne à des périls encore plus grands que ceux auſquels il vient de ſe dérober.

Une autre conſidération , qui n'échapera point à ce Prince infiniment éclairé ſur ſes intérêts , c'eſt qu'il n'eſt pas probable que nous ne nous laſſions bien - tôt de fournir aux frais d'une Guerre ruineuſe ; & qui çait si les Anglois, dont le mécontentement éclate par des murmures qui augmentent chaque jour, n'obligeront pas leur Souverain d'abandonner des intérêts qui sont parfaitement étrangers à la Nation ? Or si l'un de ces deux cas arrivoit, quelle seroit la ressource du Roi de Sardaigne ? Ce Prince pourroit-il se promettre que la France & l'Espagne fussent disposées à lui faire un parti aussi avantageux, que l'est celui qu'il peut à présent esperer ?

Et c'est-là, Monsieur, une réflexion dont nous devrions nous-mêmes profiter pour notre propre intérêt ; saisissons le moment favorable de faire avec la France un accommodement qui nous dérobe à des périls qui ne font que trop capables de nous effrayer. Nous nous tromperions, fi nous penfions que nos forces, jointes à celles de nos Alliés, puffent tenir long - tems contre celles des trois Couronnes. Ces trois Puif-fances feront, n'en doutons pas, des efforts proportionnés aux motifs importans qui leur ont fait prendre les armes.

La France doit, pour l'inté-rêt de fon repos & pour celui de l'Europe entiere, travailler efficacement à borner la Puif-fance de la Maifon d'Autriche

aux feuls Etats qu'elle poffede
dans l'Empire ; Etats mêmes
qu'elle ne peut retenir, qu'en
les ufurpant fur la Maifon de
Baviere, à qui ils appartiennent
inconteftablement.

L'Efpagne, inébranlable dans
les réfolutions que la gloire lui
fait former, & accoutumée à
tout facrifier pour en affurer le
fuccès, ne fe croiroit-elle pas
deshonorée , fi elle fouffroit
qu'une injufte détention la pri-
vât plus long - tems de la poffeffion d'un Royaume fur lequel elle a les droits les plus
légitimes.

Il ne s'agit pas d'un objet
moins intéreffant pour Sa Majefté

(185)

esté Sicilienne. Les entreprises
réïterées formées sur les Etats
de ce Prince par les Cours de
Vienne & de Londres , quoiqu'il s'en fût tenu à une exacte
neutralité , sont pour lui un
motif d'armer plus puissamment
que jamais, & de seconder de
toutes ses forces la France &
l'Espagne dans les nouvelles mesures qu'elles prendront contre
leur commun Ennemi.

Disons la même chose de la
République de Génes N'espe-
rons pas que nos Alliés viennent à bout, par leurs impuis-
santes menaces, d'effrayer cette République, & de la deta-
cher d'une alliance qui fait sa

.... incue que la paix
lui rendra quelque chofe de
plus que ce que la Guerre lui
fait perdre , elle en fupporte le
poids fans murmure.

Tels font , Monfieur , les intérêts & les difpofitions de la
France & de fes Alliés. Pen-
fons-nous que quelques années
de Guerre fuffiront pour les
mettre dans la néceffité de demander la paix , & de l'acheter
aux conditions qu'il nous plaira
de leur impofer. Si la Reine de
Hongrie ne peut plus compter
fur l'affiftance de l'Empire ; fi
elle ne peut plus fe promettre
qu'un foible fecours de la part
de l'Angleterre , c'eft à notre

(187)

République à examiner si elle est en état de fournir presque seule aux frais d'une Guerre infiniment coûteuse, & qui ne peut être pour elle d'aucune utilité. Je suis avec une sincere estime,

MONSIEUR,

Votre très - humble & très-obéissant servi- teur ***.

A Paris, le 10. Juillet 1746.

DOUXIEME LETTRE

D'UN
SEIGNEUR HOLLANDOIS
A UN DE SES AMIS,
A LA HAYE.

Démonstration de la Légitimité des Droits de l'Espagne sur divers Etats Autrichiens, & en particulier sur la Lombardie & sur les Duchés de Parme & de Plaisance.

Monsieur,

Vous recevrez enfin la Démonstration que je vous avois promise, & que vous attendiez depuis long-temps. Je vous l'envoye, Monsieur, dans l'espérance que vous voudrez bien l'examiner avec attention, & que vous ne craindrez pas de me dire ce que vous en pensez. Je ne sçais si je me flate, mais je crois n'avoir employé que les preuves les plus propres à entraîner la conviction. Ces preuves je les tire d'un grand nombre d'Actes que je rapporterai successivement en suivant l'ordre des temps, & je les déveloperai avec d'autant plus de soin, que c'est sur la plûpart de ces mêmes Actes que la Maison d'Autriche fonde ses prétentions.

(190)

L'Acte le plus ancien, & celui en même tems que la Cour
de Vienne fait le plus valoir ,
c'est le Diplome de l'Empereur
Frederic I. Il est reglé par cet
Acte dressé en 1156 ! » Que si le
» Duc d'Autriche vient à déce-
» der sans laisser d'enfans mâles,
» le Duché sera dévolu à l'aînée
» des filles qu'il aura laissée;
» que le même Duché ne sera
» jamais partagé ni divisé, &
» qu'il ne sortira point d'entre
» les mains d'un descendant de
» la même souche. Il est de plus
» stipulé que s'il se faisoit quel-
» que accroissement à ce Du-
» ché, les Droits & les privile-
» ges qui lui sont accordés se

» rapporteroient pleinement à
» l'augmentation dudit Domai-
» ne d'Autriche.

Voilà, Monsieur, en peu de
mots la subſtance de ce fameux
Diplome cité ſi ſouvent par la
Cour de Vienne, & cependant
quel avantage en peut-elle tirer?
Si l'Empereur Frederic accorde quelques Privileges, n'eſt-il
pas évident qu'il ne les accorde
qu'à la Maiſon qui étoit alors
en poſſeſſion du Duché d'Autriche ? Or c'étoit la Maiſon de
Baviere qui depuis pluſieurs ſiécles poſſedoit ce Duché, & ce
ne fut qu'en 1272 qu'elle en fut
injuſtement dépouillée par
l'Empereur Rodolphe I. Com-

ment la Maison d'Hasbourg,
pourroit-elle alléguer en sa faveur ce droit de primogéniture
& d'invisibilité introduit par
Frédéric I. dans la Maison de
Baviere - Autriche ? N'est-elle
pas constamment contrevenue
à ce droit ? On n'a pour s'en
convaincre qu'à se rappeller les
différens partages faits des Etats
Autrichiens par ce même Rodolphe I. & par ses successeurs
jusqu'à Ferdinand I.

Je ne parlerai point de la convention faite en 1452 par les
Archiducs d'Autriche. Ils regle-
rent, il est vrai, que la fille aînée du dernier décedé ne pourroit succeder tant qu'il y auroit
des

des collatéraux. Mais avoient-
ils droit de faire un réglement
qui renverfât l'ordre de fucceffion réguliere établi par le Fondateur? Or par cet ordre il eft
arrêté que les fils & les filles
fuccederont fans diftinction, à
condition cependant que les
droits de mafculinité & de primogéniture feront inviolable-
ment obfervés.

Je continue, Monfieur, & je
paffe à la renonciation faite par
l'Empereur Charles V. en faveur de Ferdinand I ; mais
avant que de rapporter en quels
termes l'Acte de cette renonciation eft conçu, examinons
dans quelle vuë elle a été faite.

Tome II.   R

Charles V. inftruit par une
pénible expérience que le Gouvernement de deux Souverai-
netés auffi étendues que le font
l'Efpagne & l'Empire , étoit
pour un même Prince un fardeau trop accablant ; defirant
d'ailleurs ardemment par le zéle qu'il avoit pour la gloire &
la fplendeur de fon Augufte
Maifon, d'y perpétuer la dignité Impériale, réfolut de l'affurer à fon frere Ferdinand I.
mais la premiere chofe par où
il falloit commencer, c'étoit de
mettre ce Prince en état de
foutenir avec éclat la Dignité
à laquelle on vouloit l'élever ;
& ce fut pour cette raifon que

Charles V. se détermina à lui faire une cession des Etats qu'il possedoit en Allemagne. S'il étoit naturel que Charles eût de la répugnance à renoncer à de grands biens ausquels son fils auroit dû succeder, il étoit en quelque façon dédommagé de cette espéce de sacrifice par la gloire qui lui revenoit de mettre la branche cadette de sa Maison en possession de l'Empire ; & pouvoit-il douter que l'Election ne tombât successivement sur la même branche , tandis qu'il y auroit des descendans mâles ?

Ce fut-là le seul motif qui engagea l'Empereur Charles V. à

faire la renonciation dont je
viens de parler. Or n'eſt-il pas
certain que dès que ce motif ne
ſubſiſteroit plus, la renonciation qui en étoit l'effet, ne pouvoit plus avoir lieu. Concluons
donc que la poſtérité maſculine
de Ferdinand I. étant éteinte,
les Etats qui avoient été cédés
à ce Prince ont dû, par un ordre naturel de ſucceſſion, retourner aux deſcendans de l'Empereur Charles V. de quelque
ſexe qu'ils fuſſent.

Il étoit ſans doute libre à ce
Prince d'appoſer à la renonciation qu'il faiſoit en faveur de
ſon frere, telles conditions qu'il
lui plaiſoit : or dans l'Acte ſo-

lemnel passé à Bruxelles le 22
d'Octobre 1520, il est expressément spécifié que si la postérité masculine de Ferdinand vient
à manquer, les Etats qui lui font
cédés retourneront aux héritiers de l'Empereur son frere.

Dira-t'on que par ce mot d'héritiers, on ne doit entendre que
la postérité masculine de Charles ? Mais peut-on raisonnable-
ment penser que ce Prince oubliant ce qu'il devoit aux intérêts de ceux qui devoient le re-
présenter, de quelque sexe qu'ils
fussent, il ait voulu les priver
pour toujours du droit de succeder à de vastes Etats, dont il
ne se dépouilloit en faveur de

son frere Ferdinand, que parce qu'il vouloit que ce Prince & ses descendans occupassent successivement le Trône Impérial, & comment pourra - t - on soupçonner ce Prince d'avoir poussé l'indifférence à l'égard de ses héritiers de l'un & de l'autre sexe jusqu'au point de vouloir les frustrer d'un droit qu'il ne pouvoit leur ôter ? Car ce droit de succeder, ce n'étoit pas de lui, mais des Fondateurs qu'ils le tenoient, & ce droit doit par conséquent suivre la branche de Charles jusqu'à ce que cette même branche soit entiérement éteinte.

Car je suppose, ce qui n'est

cependant pas, que par le Tef-
tament de Ferdinand I. il ait
été réglé que les defcendans
mâles de ce Prince venant à
manquer, les Etats qui lui
avoient été cédés, reviendroient
aux defcendans mâles de l'Empereur Charles V. fon frere, &
qu'à leur défaut, on obferve-
roit l'ordre de fucceder prefcrit
par le droit & par la juftice ; je
demande quel eft cet ordre ?
n'exige-t'il pas que les defcendans de la branche aînée foient
préferés aux defcendans de la
branche cadette ? & c'eft pour
cette raifon que lorfqu'il fur-
vient quelques difficultés entre
deux lignes par rapport au rang

de fucceder , elles fe décident
conftamment par le droit d'aî-
neffe.

Il eft donc évident que quand
même la renonciation faite par
l'Empereur Charles V. ne ren-
fermeroit aucun pacte de réver-
fion , la poftérité mafculine de
Ferdinand I. étant éteinte ce
font les defcendans de la Branche aînée qui fans diftinction
de fexe doivent fucceder aux
Etats cédés à ce Prince.

Je fçais que la Cour de Vienne prétend que les Etats an-
ciennement poffedés par l'In-
fand Ferdinand , ne doivent
point être regardés comme une
donation qui lui en ait été fai-

te , mais comme un héritage dont il pouvoit difpofer à fon gré ; mais fi cela étoit que deviendroit ce droit de primogéniture & d'indivifibilité que la Cour de Vienne foutient être effentiellement attachés aux Etats qui forment la fucceffion Autrichienne ; auffi Ferdinand lui-même reconnoît que fa qualité de cadet ne lui donne droit d'exiger que ce qui lui eft néceffaire pour foutenir l'éclat de fa naiffance.

Mais accordons à la Cour de Vienne ce qu'elle ne peut foutenir fans fe contredire elle-même , il s'enfuivra du moins que les Etats Autrichiens fitués hors de l'Allemagne appartiennent inconteſtablement aux deſcendans de l'Empereur Charles V. de quelque ſexe qu'ils ſoient; & que les Etats que la Maiſon d'Autriche poſſede en Allemagne appartiennent à la Maiſon de Baviere, ainſi que je l'ai démontré dans ma ſeconde & dans ma troiſiéme Lettre.

Si la donation faite par Charles V. renferme expreſſément un pacte de reverſion, ce pacte doit donc être obſervé; la poſtérité maſculine de Ferdinand, étant éteinte, les Etats qui lui avoient été cédés ont donc dû retourner aux deſcendans de l'Empereur Charles V. l'uſufruit a donc

du se rejoindre au droit de propriété qu'ils conservoïent &
qu'on ne pouvoit leur ôter puisque c'étoit le fondateur qui leur
avoit transmis ce droit inalié-
nable.

Je continue, Monsieur, à suivre l'ordre des tems, Philippe
II. Roi d'Espagne, épouse la
Princesse Anne, fille aînée de
l'Empereur Maximilien II. qui
ne consent à ce mariage qu'à
condition que la Princesse sa
fille renoncera en faveur des
Archiducs ses freres, & de leurs
descendans, à l'hérédité tant
paternelle que maternelle. Cette renonciation se fit conformément aux désirs de Sa Majesté

Impériale ; & l'acte en fut passé
à Madrid le 29 d'Avril de l'année 1571, mais avec cette clau-
fe expreffe, à fçavoir que la fu-
ture Reine d'Efpagne fe refer-
voit pour elle & pour fes héritiers le droit de fuccéder dans
la fuppofition que les Archiducs
fes freres vinffent à déceder
fans laiffer de poftérité, & c'eft
ce qui arriva.

Il eft donc inconteftable qu'a-
près la mort de ces Princes la
fucceffion Autrichienne étoit
dévolue de droit à la Princeffe
Anne leur Sœur aînée, ou à
ceux qui la repréfentoient. Car
fi elle étoit habile à fuccéder
(& c'eft ce qui ne peut être ré-

(205)

voqué en doute , puisque les
biens ausquels elle avoit renon-
cé peuvent être également pos-
sedés par les personnes de l'un
& de l'autre sexe ,) comment
pourroit-on contester le même
droit aux descendans mâles de
cette Princesse , qui avoient sur
elle la prééminence du sexe ?
Mais ce qu'il est essentiel de remarquer c'est qu'elle ne renonça que pour elle & non pour
ses héritiers , dont il n'est fait
aucune mention dans l'acte dont
j'ai parlé.

Aussi Philippe III. son fils aîné reclama-t'il solemnellement
contre cette renonciation , &
s'il la ratifia dans la suite , ce

n'eſt pas qu'il eut aucun doute
ſur la légitimité de ſes prétentions, mais gagné par les prié-
res & les ſollicitations de l'Empereur Mathias, & par celles
des Archiducs Albert & Maximilien ; qui tous s'intereſſoient
pour l'Infant Ferdinand leur
Couſin, il conſentit à renoncer
en ſa faveur à un grand nombre
de riches Etats ſur leſquels il
avoit des droits inconteſtables.
Mais comme le déſir d'aſſurer
la ſplendeur de la ſeconde branche de la Maiſon, étoit l'unique but qu'il ſe propoſoit dans
cette renonciation, il voulut
qu'il n'y eût que les ſeuls Agnats
de Ferdinand qui euſſent droit

de fucceder , & qu'à leur défaut
la fucceffion retournât à fes defcendans de l'un & de l'autre
fexe , & c'eft ce qui eft claire-
ment fpécifié dans l'acte d'acceptation de Ferdinand, voici
en quels termes ce Prince s'exprime.

» Sa Majefté Catholique pré-
» ferant les intérêts publics à fes
» intérêts particuliers & renon-
» çant en qualité d'unique ar-
» riere petit-fils d'Anne Reine
» de Hongrie & de Boheme ,
» nous acceptons cette renon-
» ciation avec toute la recon-
» noiffance & toute l'eftime que
» mérite un fi grand bienfait,
» & nous confentons tant pour

» nous que pour nos defcendans
» que la ligne mafculine de Sa
» Majefté Catholique précede
» dans cette Succeffion la ligne
» feminine de notre fouche pa-
» ternelle & les defcendans des
» filles de la même fouche fans
» limitation ou prefcription de
» dégré ou de tems, de forte que
» s'il arrivoit que tous nos def-
» cendans mâles en droite ligne
» mafculine , fans interruption
» de mâle en mâle vinffent à
» manquer, les femmes quel-
» conques & leurs fils & dépen-
» dans , foient exclus jufqu'à
» l'infini de la fucceffion par les
» defcendans en droite ligne
» du Roi Catholique, Philippe
III.

» III. aujourd'hui heureufe-
» ment regnant. Quant à la
» compenfation que l'on deman-
» de , nous promettons qu'il
» en fera traité au plutôt &
» qu'on aura égard à tant de
» bienfaits par lefquels Sa Ma-
» jefté Catholique a toujours
» foutenu dans ces quartiers
» l'Augufte Maifon d'Autriche.

Faifons, Monfieur, quelques courtes obfervations fur cet Acte qui me paroît décifif en faveur de Sa Majefté Catholique. On ne s'avife point de contefter à Philippe III. le droit qu'il avoit de fucceder , au cas que les Archiducs fes oncles fils de Maximilien II. vinffent à déce-

der fans laiffer de poftérité ;
ainfi que cela eft arrivé ; fi le
droit de Sa Majefté Catholique
n'eût été inconteftable, auroit-
on fait jouer tant de refforts ,
prieres , follicitations , promeffes , auroit-on mis tout en œuvre pour l'engager à y renoncer !
Auroit - on affuré à ce Prince
une compenfation pour le facri-
fice qu'il faifoit ! La gratitude
de Ferdinand fe feroit elle ex-
primée par les plus vives actions de graces , s'il n'eût fenti
toute la grandeur du bienfait
qui lui étoit accordé , & ce
bienfait comment l'accepte-t'il
de la même maniere & fous les
mêmes conditions qu'on le lu

accorde. C'eft-à-dire en con-
fentant que fi fa defcendance
Mafculine vient à manquer, la
fucceffion retournera aux héritiers de Sa Majefté Catholique
Philipe III.

Il me refte à éclaircir une
difficulté que je dois mettre dans
tout fon jour. La Cour de Vienne prétend que lorfqu'il eft dit
que la ligne mafculine de Sa
Majefté Catholique précedera
la ligne feminine de Ferdinand,
& les fils defcendans des filles
de la même fouche, on ne doit
entendre par cette ligne mafculine que les feuls Agnats de
Philipe III. mais pourquoi les
mâles Cognats ne feroient - ils

pas auſſi renfermés dans cette même ligne ! Ne forment - ils pas comme les Agnats une ligne maſculine ! Il eſt vrai que ce n'eſt pas de mâle en mâle ſans interruption, mais ce n'eſt point là une condition dont il ſoit fait mention dans l'acte d'acceptation de Ferdinand. Or, ſi ces expreſſions *la ligne maſculine* peuvent être également appliqués & aux Agnats & aux Cognats ; c'eſt donc ſans raiſon que l'on voudroît qu'elles ne ſignifiaſſent que les Agnats ſeuls. Mais voyons ce que Ferdinand lui - même entend par ces termes.

Il y a comme chacun ſçait

trois fortes de lignes, la premiere eſt d'agnation qui ne
fouffre que les feuls Agnats, la
feconde eſt d'agnation ou de
maſculinité qui renferme les
Cognats ; la troiſiéme ligne eſt
là ligne réguliere qui admet les
deſcendans de l'un & de l'autre
fexe. Lorſque Ferdinand parle
de fes héritiers il dit nos deſcendans mâles en droite ligne
maſculine *fans interruption de
mâle en mâle*, & ce qu'il faut bien
obferver, c'eſt qu'il ne manque
jamais d'ajouter ces termes re-
marquables *fans interruption de
mâle en mâle* toutes les fois qu'il
a à parler de fes propres deſcendans & d'où vient n'employe-
t'il pas les mêmes termes lorſ-

qu'il parle des descendans de Philippe III ; j'avoue bien que ces mots *nos descendans mâles en droite ligne masculine* sont équivalens à ceux - ci, *la ligne masculine.* Mais cette addition, *sans interruption de mâle en mâle* ne peut signifier que la ligne d'Agnation, au lieu que ces mots seuls *la ligne masculine* peuvent & doivent s'entendre de la ligne de Cognation. Mais pour s'en convaincre il n'y a qu'à se rappeller comment Ferdinand s'explique sur la fin de son acte d'acceptation. Il dit en parlant de sa ligne que les femmes quelconques & leurs fils & descendans seront exclus jusqu'à l'infini par les descen-

(215)

dans en ligne droite du Roi Catholique Philippe III. Or, ce
terme indéfini *les defcendans* ne
comprend-il pas également les
héritiers de l'un & de l'autre
fexe. C'est ainfi que Ferdinand
a pris foin lui - même d'éclaircir le doute que ces mots *la ligne mafculine* pourroient faire
naître. Après avoir dit que la
ligne mafculine du Roi Catholique précedera la fienne foit
feminine , foit mafculine &
Cognatique ; il ajoute que fi fes
defcendans Agnats viennent à
manquer, fes defcendans du fexe
feminin & fes defcendans Cognats feront exclus par les defcendans de Philippe III.

Je réduis tout ce que je viens de dire à un raisonnement simple qui me paroît démonstratif. Ce ne fut que par la renonciation de Philippe III. que ceux en faveur de qui Sa Majesté Catholique renonçoit acquierent le droit de succeder: Or, ce Prince ne renonça qu'en faveur de Ferdinand & de ses descendans Agnats, il n'y eut donc que Ferdinand & ses descendans Agnats qui acquierent ce droit.

La Reine de Hongrie ne peut donc être regardée que comme étrangere par rapport à la succession Autrichienne, puisqu'elle en est formellement exclue.

clue aussi-bien que le jeune Archiduc son fils. *Que les femmes quelconques & leurs fils, & leurs descendans soient exclus à l'infini de la Succession par les descendans en droite ligne du Roi Catholique Philippe III.*

Je ne disconviens pas qu'un mâle Cognat ne soit un descendant mâle en droite ligne masculine, mais cela ne suffit pas : il faudroit pour qu'il eut droit de succeder qu'il n'y eut point *d'interruption de mâle en mâle*, & celle à qui il doit la naissance a malheureusement interrompu la suite de la descendance masculine.

L'acte seul d'acceptation de

Tome II.   T

Ferdinand suffit donc pour démontrer que le droit de succeder n'avoit été accordé qu'aux
seuls descendans Agnats de ce
Prince. Ces descendans Agnats
étant venus à manquer, les descendans de Philippe I I I. ont
donc dû être remis en possession
d'un droit dont ils n'avoient été
privés que pour un tems, c'est-
à-dire jusqu'à ce qu'il n'y eut
plus d'Agnats de Ferdinand I I.
la Reine de Hongrie & le jeune
Archiduc son fils n'ont donc aucun droit de succeder, puisque
l'acte même de Ferdinand leur
donne l'exclusion , *les femmes
quelconques & leur fils & descendans seront exclus jusqu'à l'infini*

de la succession par les descendans
de S. M. Catholique Philippe III.

Achevons , Monsieur , de
parcourir les autres renonciations sur lesquelles la Reine de
Hongrie fonde ses prétentions.
Chacun sçait que les Infantes
Anne & Marie-Therese successivement Reines de France re-
noncerent pour elles & pour
leurs descendans à tout droit de
succeder ; mais quel avantage
la Reine de Hongrie peut-elle
tirer de ces renonciations. Pour
en démontrer l'invalidité , com-
mençons par examiner ce que
ces renonciations ont de différent l'une de l'autre , & nous
verrons ensuite ce qui leur est
commun.   T ij

Celle de l'Infante Anne Maurice épouſe de Louis XIII. re-
vêtue de toutes les formalités
qui pouvoient lui donner force
de Loi doit être regardée, il
eſt vrai, comme faiſant Loi &
en France & en Eſpagne ; mais
en eſt-il de même de la renonciation de l'Infante Marie-The-
reſe pour qu'elle fût cenſée
avoir force de Loi, il étoit né-
ceſſairement requis qu'approu-
vée par les *cartes* d'Eſpagne,
elle eut été inférée entre les
Loix de ce Royaume. Cela ne
ſuffiſoit pas, il falloit encore
qu'elle eut été enrégiſtrée au
Parlement de France, & que l'Infante Marie - Thereſe & le Roi

fon époux après la célébration de leur mariage euffent ratifiés par un écrit figné de leurs mains cette même renonciation. Mais fi rien de tout cela n'a été fait, ne s'enfuit-il pas que cet acte de renonciation eft abfolument nul, vû l'inexécution des conditions effentielles qui y étoient renfermées.

Concluons donc, Monfieur, que quand même l'on ne pourroit contefter la validité de la premiere de ces deux renonciations, la nullité de la feconde rendroit inconteftables les prétentions de Sa Majefté Catholique. Ce Prince en qualité de légitime héritier de l'Infante

Marie-Therese devoit succeder à tous ses droits qui étoient indépendans de ceux de l'Infante Anne Maurice.

Considerons à présent, Monsieur, quel a été le motif ou la cause finale de ces deux renonciations. C'est dans l'utilité publique qu'il faut chercher leur destination & le principe de leur activité. Quelle est cette utilité publique ? C'étoit de prévenir l'union des Couronnes de France & d'Espagne, ce qui auroit formé une puissance exhorbitante, formidable à toute l'Europe, & pour se convaincre que ç'a été là l'unique motif que l'on s'est proposé dans ces re-

(223)

nonciations ; on n'a qu'à lire
l'article XXXIII. du Traité
des Pyrenées, il est conçu dans
les termes suivans :

» Et comme il importe au
» bien de la chose publique &
» à la conservation des Couron-
» nes de France & d'Espagne,
» qu'étant si grandes & si puis-
» santes, elles ne puissent être
» réunies en une seule, & que
» dès à présent on prévienne
» les occasions d'une pareil-
» le jonction. Leurs Majestés
» Très-Chrétiennes & Catholi-
» ques arrêtent entre elles que
» l'Infante Marie - Thérese, &
» ses enfans procréés d'elles ,
» mâles ou femelles, & leurs des-

» cendans, ne puiſſent ſuccéder
» à aucun des Etats qui appar-
» tiennent à préſent, ou pour-
» ront appartenir dans la ſuite
» à la Monarchie Eſpagnole.

Or, vous ſçavez, Monſieur,
que tous les Juriſconſultes con-
viennent qu'un acte n'a de force que celle que lui donne la
cauſe finale qui en a été le principe. Cette cauſe vient - elle à
ceſſer, l'acte eſt dès-lors regardé comme nul, & puiſque l'on
a pris les meſures les plus propres à empêcher que les Couronnes de France & d'Eſpagne
ne puiſſent être un jour réunies,
il s'enſuit donc que les renonciations des Infantes Anne &

Marie-Thérese ne peuvent plus
avoir de force, & que leurs descendans par conséquent ont
dû succeder à tous les droits
auxquels elles avoient renoncées.

Mais ce qui prouve évidemment, Monsieur, que les renonciations de ces deux Prin-
cesses ne leur ont pas entiérement ôté le droit de succeder,
c'est qu'il est dit expressément
dans leurs contrats de mariage,
» que si l'une ou l'autre demeu-
» roit veuve sans avoir d'en-
» fans, & qu'étant retournée
» en Espagne elle s'y remariât
» avec l'agrement du Roi son
» pere ou du Prince son frere,
» elle seroit déclarée capable
» de succeder.

Il falloit donc que malgré sa renonciation elle eut conservée en quelque façon le droit d'hériter, puisque si elle l'eut entiérement perdu , elle n'auroit pû le recouvrer ni le transmettre à ses descendans nés d'un autre mariage. Elle s'étoit à la vérité privée de ce droit , elle y avoit renoncée & pour elle & pour ses descendans. Mais pour quels descendans , pour ceux seulement qui pourroient être tout à la fois & Rois de France , & Rois d'Espagne.

Et c'est parce que le Dauphin ou le Duc de Bourgogne auroient pû réunir sur leurs têtes ces deux Couronnes qu'ils ne furent point appellés à la suc-

(227)

ceſſion de Sa Majeſté Catholique Charles II. Ecoutons comment ce Prince s'exprime dans
ſon teſtament, fait le 2 Octobre de l'année 1700.

» Reconnoiſſant ſur le rap-
» port des Miniſtres d'Etat que
» nous avons conſulté, que la
» raiſon ſur quoi eſt fondée la
» renonciation des Dames In-
» fantes, Reines de France ma
» tante & ma ſœur, a été d'é-
» viter le préjudice qui réſul-
» teroit de l'union des deux
» Couronnes, & reconnoiſſant
» que ce motif fondamental
» venant à ceſſer, le droit de
» ſucceſſion ſubſiſte dans le pa-
» rent le plus immédiat con-

» formément aux loix de ce
» Royaumes, & qu'aujourd'hui
» ce cas se trouve dans le se-
» cond fils du Dauphin de Fran-
» ce, ainsi je déclare qu'en cas
» que Dieu me retire sans laisser
» de fils, mon successeur est le
» Duc d'Anjou second fils du
» Dauphin, & comme tel je
» l'appelle à la succession de
» tous mes Royaumes.

Toute la Nation applaudit à
ce choix & s'empressa à le ratifier. Les lettres les plus pressantes furent écrites à Sa Majesté
Très-Chrétienne par la Régen-
ce d'Espagne pour l'engager à
hâter le départ de son petit fils
& à ne pas laisser languir plus

(229)

long-tems les nouveaux fujets
de ce Prince, dans l'impatience
où ils étoient de lui rendre
leurs hommages & de lui jurer
une inviolable fidélité. Perfon-
ne je crois ne s'avifera de nier
que ce confentement unanime
du Souverain & du peuple n'ait
formé en faveur du feu Sa Majefté Catholique Philippe V. une
décifion irréfragable.

Il vous paroîtra fans doute
furprenant, Monfieur, que le
feu Empereur Charles VI. inftruit comme il le devoit être
des différens actes que je viens
de rapporter ait pû s'imaginer
qu'il fut en droit de difpofer
d'un grand nombre de domai-

nes dont il n'étoit que le simple ufufruitier, mais l'intérêt
de fa famille lui fit oublier ce
qu'il devoit à la Justice, étant
bien convaincu que les Etats
qu'il poffedoit feroient infailliblement divifés, s'il venoit à
déceder fans laiffer d'héritiers
mâles, il voulut établir un nouvel ordre de fucceffion qui affu-
rât l'indivifibilité de ces mêmes
Etats. Et ce qui fembloit lui ré-
pondre du fuccès de fon deffein, c'eft que le fiftême de l'E-
quilibre, ouvrage de l'ambition
de Guillaume I I I. & de fa haine contre la France, avoit fait
de fi grands progrès, que la plûpart des Politiques étoient fol-

lement perfuadés que la tranquillité de l'Europe ne pouvoit
fe conferver qu'en établiffant
une parfaite égalité de puiffance entre la maifon d'Autriche
& celle de Bourbon.

Auffi Charles VI. ne douta-
t-il pas qu'il ne lui fut facile de
mettre dans fes intérêts bien
des Princes qui n'héfiteroient
pas de fe rendre garands de
l'exécution de fon projet.
» Ayant donc fait affembler fes
» Miniftres le 19 d'Avril de
» l'année 1713, il leur décla-
» ra, que fa volonté étoit qu'en
» cas qu'il mourut fans laiffer
» d'enfans mâles, fes Royau-
» mes & Etats héréditaires ap-

» partinſſent aux Archiduchef-
» ſes ſes filles, en ſuivant l'ordre
» de primogéniture & d'indiviſi-
» bilité obſervé depuis pluſieurs
» ſiécles dans la Maiſon d'Au-
» triche, & que dans la ſuppo-
» ſition que les Archiducheſſes
» ſes filles mouruſſent ſans laiſſer
» de poſtérité, les Archidu-
» cheſſes de la ligne Joſephi-
» ne & enſuite celles de la li-
» gne Leopoldine leur ſuccéde-
» roient.

Ce ne fut qu'en 1724 que
Charles VI. fit publier cette
eſpece de loi également contraire & à la Juſtice & aux
droits des gens, car étoit-il libre à ce Prince d'alliéner des
biens

biens dont il n'avoit que l'ufu-
fruit, & qu'il ne poſſedoit qu'à
condition que ſi ſa deſcendan-
ce maſculine venoit à manquer,
ces mêmes biens retourne-
roient, ainſi que je l'ai démontré, aux héritiers légitimes de
l'Empereur Charles V.

Les plaintes & les murmures
que la publication de la Prag-
matique - Sanction excita de
toute part, furent pour Charles VI. un motif de lui chercher par tout des garands &
des défenſeurs. S'il fut aſſez
heureux pour en trouver, c'eſt
qu'il n'eut garde de leur communiquer les différens actes
dont je viens de parler, & en-

effet peut-on les lire avec quelque attention , fans reconnoître en même tems l'invalidité
& l'injuſtice de la nouvelle loi
que ce Prince portoit.

Il ne ſe fait cependant pas
un ſcrupule d'avancer que le
nouvel ordre de ſucceſſion qu'il
établit , eſt fondé ſur une longue ſuite de pactes héreditaires. Et de tous ces pactes héreditaires , il n'en eſt aucun qui
ne prouve que les biens dont il
diſpoſoit étoient depuis long-
tems ſubſtitués aux deſcendans
de la branche aînée de la Maiſon d'Autriche.

Ce Prince apporte pour ſe-
cond motif la néceſſité de pour-

voir au maintien & à la confervation de l'Equilibre d'où dé-
pend le repos & la tranquillité
de l'Europe , & fi depuis bien
des fiécles l'Europe a été le
théatre des plus cruelles guerres , n'en doit-on pas attribuer
la caufe à l'exceffive ambition
& à la trop grande puiffance
des Empereurs Autrichiens ? &
que feroit devenue la liberté
du Corps Germanique , fi la
France & la Suéde ne s'étoient
efficacement oppofées aux en-
treprifes formées par les Ferdinand & les Leopold pour ré-
duire l'Empire en efclavage ?
C'eft enfin , felon Charles
VI. l'équité même qui fert de

bafe à la Pragmatique-Sanction.
Si on l'en croit, loin de donner la moindre atteinte aux
droits de qui que ce foit ; elle
ne tend au contraire qu'à défendre ce qui appartient à un
chacun, & fut-il jamais de loi
plus oppofée à la Juftice que
celle-là ?

La conclufion, Monfieur,
que nous devons tirer, c'eft que
des garanties dont la furprife a
été le principe, & qui n'ont
été accordées que fur de faux
expofés, font évidemment nul-
les. » Si Charles V. dit l'Au-
» teur du droit public, n'a pas
» été le maître d'établir un
» nouvel ordre de fucceffion.

» dans fa Maifon, aucun Prin-
» ce n'a pû le garantir & tous
» les Actes faits à cette fin de-
» viennent nuls par le défaut
» même de validité qui fe trou-
» ve dans la Pragmatique-San-
» ction, la défendre, c'eft s'af-
» focier à l'injuftice qu'elle éta-
» blit, & comme la Reine de
» Hongrie doit en abandonner
» les difpofitions, les Garands
» font obligés de ne les pas pro-
» teger. Ils peuvent même ap-
» puyer les intérêts des enne-
» mis de la Cour de Vienne,
» fi elle ne leur rend pas juf-
» tice. »

Avançons, Monfieur, & paf-
fons aux droits particuliers de

l'Efpagne fur la Lombardie.
L'on ne peut révoquer en doute que la France n'ait eu fur le
Duché de Milan les prétentions
les plus légitimes ; & c'eft ce
qui eft évidemment prouvé par
l'Acte du Contrat de mariage
de Valentine, fille de Jean Galeas Vifconti , avec Louis de
France, Duc d'Orleans, fecond
fils de Charles V. dit le Sage.
Par l'un des articles de ce Contrat , il fut expreffement ftipulé
que Valentine & fes defcendans
fuccéderoient au Duché de Milan & au Comté d'Aft, fi la ligne mafculine de Jean Galeas
venoit à manquer , & elle man-
qua en effet. Jean-Marie & Phi-

(239)

lippe Marie moururent, le premier en 1412, & le second en 1447, sans laisser de posterité légitime. Philippe Marie n'eut qu'une fille naturelle qui épousa François de Sforce, soldat de fortune, bâtard de la Maison de Sforce. Après la mort des deux fils de Jean Galeas, on ne pouvoit donc contester à Charles, Duc d'Orleans, fils de Louis de France & de Valentine, le droit de succeder au Duché de Milan. Charles résolu de faire valoir ses prétentions, passa en Italie, mais le sort des armes ne lui fut pas favorable. Tout le fruit qu'il recueillit de cette expédition, fut d'être mis en possession du Comté d'Ast , qui faisoit une partie de l'heritage qui lui revenoit du côté de sa mere.

Louis XII. fils de Charles, reçut en 1505 l'investiture du Duché de Milan de l'Empereur Maximilien I. mais il fut troublé dans ses droits , de même que son successeur. François I. prisonnier à Madrid , ne put obtenir la liberté qu'en cédant le Duché de Bourgogne , & qu'en renonçant aux droits qu'il avoit sur le Royaume de Naples , sur le Comté d'Ast & le Duché de Milan. Je ne désavoue pas que cette renonciation ne doive être regardée

comme

(241)

comme l'effet d'un confentement forcé ; & ce qui acheve
de la rendre nulle, c'eft que
François I. eut foin de faire
dreffer fecrettement un Acte,
par lequel il proteftoit juridi-
quement contre le Traité qu'il
alloit figner ; ce Prince protef-
ta de même contre le Traité
de Cambrai conclu en 1529.
Mais fi rien ne l'avoit forcé à
céder une feconde fois fes droits
fur le Duché de Milan, ne s'enfuit - il pas que cette feconde
proteftation ne peut avoir la
même force que la premiere ?

En 1544 les Traités de Madrid & de Cambrai furent con-
firmés par celui de Crepi, &

François I. renouvella sa renonciation au Duché de Milan
& au Comté d'Aft. Ce Traité
ayant été enregiftré au Parlement & à la Chambre des Com-
ptes, Charles V. se crut en droit
de donner l'inveftiture du Duché de Milan à son fils Philippe, qui après la mort de l'Empereur, son pere, ordonna que
ce Duché feroit à perpetuité
uni inféparablement aux Couronnes de Caftille & d'Aragon.
Je dois ajouter que plufieurs
Traités fubféquens, tels que
font ceux du Château-Cambre-
fis, de Vervin, des Pyrennées,
de Veftphalie & d'Aix-la-Cha-
pelle, furent la confirmation

de celui de Crépi, quant à ce qui regarde la cession qui avoit été faite du Milanès par François I. Ce Duché appartient donc incontestablement à la Couronne d'Espagne, puisque par tant de Traités différens elle a acquis les droits de ceux qui en étoient les légitimes héritiers.

Je n'ignore point, Monsieur, les dispositions postérieures qui ont été faites de ce Duché par le Traité d'Utrecht, confirmé par quantité d'autres Traités que je ne rapporterai point, parce qu'ils sont trop récens, & que je ne crois pas qu'il y ait personne qui ne sçache du moins ce qu'ils renferment d'essentiel. Mais ce que je sçai aussi, c'est que ces Traités sont censés avoir été annullés par la derniere Guerre, & qu'ils n'ont point été renouvellés par le dernier Traité de Paix conclu à Vienne le 18 Novembre de l'année 1738. Or un principe unanimement adopté par tous les Auteurs qui traitent du Droit Public, c'est qu'une déclaration de Guerre entre deux Puissances, détruit tous leurs engagemens, & qu'ils restent sans force, à moins qu'on ne la leur rende à la Paix par une clause expresse.

Que l'on lise l'Acte d'acces-

(245)

fion de feuë Sa Majefté Catholique Philippe V. au dernier
Traité de Paix, on verra que
ce Prince ne renonce uniquement qu'au droit de fucceder
au grand Duché de Tofcane ,
& aux Duchés de Parme & de
Plaifance. » Nous renonçons ,
»-dit ce Monarque , à tous les
»,droits , actions & prétentions
» qui appartiennent à Nous &
»-à nos defcendans , tant pour
»-ce qui regarde les Duchés de
» Parme & de Plaifance , com-
»-me pour ce qui concerne la
» fucceffion éventuelle du grand
»-Duché de Tofcane , & nous
»-tranfportons ces mêmes droits
»-au Séréniffime & Très-Puif-

» fant Prince Charles VI. Em-
» pereur des Romains, & à fes
» Héritiers & Succeffeurs des
» deux fexes. « Et pour qu'on
ne pût étendre cette renonciation à d'autres Etats qu'à ceux
qui font fpécifiés, voici ce qui
fut ajouté :

» Et enfin il a été expreffé-
» ment déclaré que le préfent
» Acte de Sa Majefté le Roy
» Catholique, au Traité men-
» tionné, doit s'entendre uni-
» quement de ce qui purement
» & fimplement concerne la te-
» neur defdits Actes, comme
» ils fe trouvent inferés à la let-
» tre ; & cela à l'exclufion de
» toutes autres chofes quelcon-
» ques. «

(247)

Mais pour que la Cour de Vienne pût se prévaloir de cet Acte d'accession, ne faudroit-il pas qu'elle en eût rempli les conditions essentielles ? & ne les a-t-elle pas publiquement enfreintes en s'emparant des biens allodiaux, quoiqu'ils eussent été formellement exclus de la cession faite par Sa Majesté Catholique ? Ajoutons, Monsieur, qu'il n'étoit pas dans le pouvoir de ce Prince de disposer des Etats ausquels il renonçoit ; renonciation par conséquent nulle. Ces Etats, je parle des Duchés de Parme & de Plaisance, formoient le patrimoine de Sa Majesté Catholique la

Reine d'Espagne. Le Roy, son
Epoux, n'étoit tout au plus que
le simple Administrateur de ces
mêmes Etats, elle seule en avoit
la propriété ; c'étoit donc à elle
seule qu'appartenoit le droit de
les aliéner, ou d'en disposer à
son gré.

Or qui est-ce qui ignore que
cette Princesse n'a eu garde
de donner son consentement à
la renonciation faite par feuë
Sa Majesté Catholique Philippe V ?

Je finis, Monsieur, en vous
priant de juger s'il fut jamais
de droits plus solidement éta-
blis que ceux de Sa Majesté
Catholique ; droits trop évi-

dens pour que la Nation Eſpagnole ne ſe crut pas deshonorée , ſi elle négligeoit de les
faire valoir. Sa gloire , autant
que ſon intérêt , exigent qu'elle
faſſe de généreux efforts pour
être remiſe en poſſeſſion des
Etats que l'injuſtice ſeule a pû
lui enlever. J'ai l'honneur d'ê-
tre avec une parfaite eſtime ,

MONSIEUR,

Votre très-humble &
très-obéiſſant ſervi-
teur.*******

A Paris le 24 Octobre
1746.

TABLE
DES LETTRES

Contenues dans ce second
Volume.

TABLE

TABLE.

Fin de la Table du second Volume.